coleção primeiros passos 62

Roberto Lyra Filho

O QUE É DIREITO

editora brasiliense

Copyright © by Roberto Lyra Filho, 1982
Nenhuma parte desta publicação pode ser gravada,
armazenada em sistemas eletrônicos, fotocopiada,
reproduzida por meios mecânicos ou outros quaisquer
sem autorização prévia da editora.

Primeira edição, 1982
18ª edição, 1996
22ª reimpressão, 2017

Diretoria Editorial: *Maria Teresa B. de Lima*
Editor: *Max Welcman*
Produção Gráfica: *Laidi Alberti*
Diagramação: *Adriana F. B. Zerbinati*
Revisão: *Marília Ferro*
Ilustrações: *Marcelo Pacheco*

Dados Internacionais de catalogação na Publicação(CIP) (Câmara Brasileira do Livro, SP, Brasil)

Lyra Filho, Roberto, 1926-1986 O que é direito / Roberto Lyra Filho . -- -- São Paulo : Brasiliense, 2012. -- (Coleção Primeiros Passos ; 62) 21ª reimpr. da 18ª. ed. de 1996. ISBN 978-85-11-01062-6 1. Direito I. Título. II. Série	

06-0099   CDD - 34

Índices para catálogo sistemático :
1. Direito 34

Editora Brasiliense Ltda.
Rua Antonio de Barros, 1720 - Tatuapé
CEP 03401-001 - São Paulo - SP
www.editorabrasiliense.com.br

SUMÁRIO

I. Direito e lei..7

II. Ideologias jurídicas...15

III. Principais modelos de ideologia jurídica....................29

IV. Sociologia e direito...57

V. A dialética social do direito..77

Indicações para leitura..105

Sobre o autor...109

A Marilena Chauí
do colega admirador, amigo e irmão,
Roberto

DIREITO E LEI

A maior dificuldade, numa apresentação do Direito, não será mostrar o que ele é, mas dissolver as imagens falsas ou distorcidas que muita gente aceita como retrato fiel.

Se procurarmos a palavra que mais frequentemente é associada a Direito, veremos aparecer a lei, começando pelo inglês, em que *law* designa as duas coisas. Mas já deviam servir-nos de advertência, contra essa confusão, as outras línguas, em que Direito e lei são indicados por termos distintos: *Jus* e *lex* (latim), *Derecho* e *ley* (espanhol), *Diritto* e *legge* (italiano), *Droit* e *loi* (francês), *Recht* e *Gsetz* (alemão), *Pravo* e *zakon* (russo), *Jog* e *törveny* (húngaro) e assim por diante. Em outra passagem deste livro, teremos de enfrentar a sugestão do grego, em que *nomos* (lei) também não se identifica, sem mais, com o Direito e *Dikaion* propõe a questão do Direito justo. As relações entre Direito e Justiça constituem aspecto fundamental de nosso tema e, também ali, muitas nuvens ideológicas recobrem a nua realidade das coisas.

Em todo caso, não se trata de um problema de vocabulário. A diversidade das palavras atinge diretamente a noção daquilo que estivermos dispostos a aceitar como Direito. Por isso mesmo, os autores ingleses e americanos têm de falar em *Right*, e não *law*, quando pretendem referir-se exclusivamente ao Direito, independente da lei ou até, se for o caso, contra ela (isso não significa, note o leitor, que o verdadeiro *Right* não possa ser um Direito legal, porém que ele continuaria a ser Direito, se a lei não o admitisse).

A lei sempre emana do Estado e permanece, em última análise, ligada à classe dominante, pois o Estado, como sistema de órgãos que regem a sociedade politicamente organizada, fica sob o controle daqueles que comandam o processo econômico, na qualidade de proprietários dos meios de produção. Embora as leis apresentem contradições, que não nos permitem rejeitá-las sem exame, como *pura* expressão dos interesses daquela classe, também não se pode afirmar, ingênua ou manhosamente, que toda legislação seja Direito autêntico, legítimo e indiscutível. Nessa última alternativa, nós nos deixaríamos embrulhar nos "pacotes" legislativos, ditados pela simples conveniência do poder em exercício. A legislação abrange, sempre, em maior ou menor grau, Direito e Antidireito: isto é, Direito propriamente dito, reto e correto, e negação do Direito, entortado pelos interesses classísticos e caprichos continuístas do poder estabelecido.

A identificação entre Direito e lei pertence, aliás, ao repertório ideológico do Estado, pois na sua posição privilegiada ele desejaria convencer-nos de que cessaram as contradições, que o poder atende ao povo em geral e tudo o que vem dali é imaculadamente jurídico, não havendo Direito a procurar além ou acima das leis. Entretanto, a legislação deve ser examinada criticamente, mesmo num país socialista, pois, como nota a brilhante colega Marilena Chauí, seria utópico (ilusão) imaginar que, socializada a propriedade, estivesse feita a transformação social completa.

Isso é acentuado também com referência ao Direito, pelo jurista húngaro Zoltán Péteri, quando assinala que as leis de um país socialista podem *não* exprimir os resultados da evolução social visada pelos padrões atualizadores do socialismo. Ali também surgem leis que carecem de "autenticidade e adequação" e escapam ao que é "verdadeiro e correto" juridicamente. Em que critérios poderemos buscar o meio de avaliação desse elemento jurídico, para aplicá-lo à consideração das leis, é precisamente a questão para a qual se encaminha o nosso itinerário, neste livro, e que aparecerá nas suas conclusões.

Repare o leitor na arrogância com que todo governo mais decididamente autoritário repele a "contestação" (como se as remodelações institucionais não fossem uma proposta admissível e até *parcialmente reconhecida* em *leis* — no caso das emendas constitucionais, por exemplo); na pretensão do poder que, cedendo à "abertura" inevitável, quer, depois, controlar o diâmetro a seu gosto; na irritação com que fala em "radicalismo" de toda oposição que ameace trocar, mesmo pelas urnas, o estado de coisas presente; nas "salvaguardas" com que pretende garantir o *status quo* (isto é, na estrutura implantada, os esquemas vigentes); na astúcia que procura separar os "confiáveis (isto é, os grupos e pessoas que são vinho da mesma pipa) e os "não-confiáveis" (isto é, os grupos e pessoas que propõem alguma forma de reestruturação social, mesmo quando o fazem com a recomendação de meios pacíficos).

Nisso, porém, o Direito resulta aprisionado em conjunto de normas estatais, isto é, de padrões de conduta impostos pelo Estado, com a ameaça de sanções organizadas (meios repressivos expressamente indicados com órgão e procedimento especial de aplicação). No entanto, como notava o líder marxista italiano Gramsci, a visão dialética precisa alargar o foco do Direito, abrangendo as pressões coletivas (e até, como veremos, as normas não-estatais de classe e grupos espoliados e oprimidos) que emergem na sociedade civil (nas instituições não ligadas ao Estado) e adotam posições vanguardeiras, como determinados sindicatos, partidos, setores de igrejas, associações profissionais e culturais e outros veículos de engajamento progressista.

O Direito autêntico e global não pode ser isolado em campos de concentração legislativa, pois indica os princípios e normas libertadores, considerando a lei um simples acidente no processo jurídico e que pode, ou não, transportar as melhores conquistas.

Isso depende, é claro, *de que* Estado, concretamente, surge a legislação — se ele é autoritário ou democrático; se reveste uma estrutura social espoliativa ou tendente à justiça social efetiva e não apenas demagógica e palavrosa; se a classe social que nele prevalece é a trabalhadora ou a capitalista; se as bases dominam o processo político ou a burocracia e a tecnocracia servem ao poder incontrolado; se os grupos minoritários têm garantido o seu "direito à diferença" ou um rolo compressor os esmaga; se, em geral, ficam resguardados os Direitos (não menos Direitos e até supra-estatais; isto é, com validade anterior e superior a qualquer lei), chamados Direitos Humanos. Esses, como veremos, conscientizam e declaram o que vai sendo adquirido nas lutas sociais e dentro da História, para transformar-se em opção jurídica indeclinável. E condenam, é evidente, qualquer Estado ou legislação que deseje paralisar o constante progresso, através das ditaduras burocrático-policiais, sejam elas cínicas e ostensivas ou hipócritas e disfarçadas.

Uma exata concepção do Direito não poderá desprezar todos esses aspectos do processo histórico, em que o círculo da legalidade não coincide, sem mais, com o da legitimidade, como notava, entre outros, inclusive o grande jurista burguês Hermann Heller. Diríamos até que, se o Direito é reduzido à *pura* legalidade, já representa a dominação ilegítima, por força desta mesma suposta identidade; e *este* "Direito" passa, então, das normas estatais, castrado, morto e embalsamado, para o necrotério de uma pseudociência, que os juristas conservadores, não à toa, chamam de "dogmática". Uma ciência verdadeira, entretanto, não pode fundar-se em "dogmas", que divinizam as normas do Estado, transformam essas práticas pseudocientíficas em tarefa de *boys* do imperialismo e da dominação e degradam a procura do saber numa ladainha de capangas inconscientes ou espertos.

Em muitos países, inclusive no Brasil, há dispositivos legais que contrastam com a Declaração Universal dos Direitos do Homem. Isso já foi reconhecido, entre nós, pelo presidente do Supremo Tribunal, Ministro F. M. Xavier de Albuquerque, quando tentou, em voto famoso, na justiça eleitoral, encaminhar uma jurisprudência (decisão uniforme, dada pelos Tribunais, a questão de Direito) que situasse aquela Declaração, como é devido, *acima* de qualquer desvio legislativo. Acentuou, então, o destacado juiz liberal, que a Declaração dos Direitos do Homem é "capítulo duma evidente Constituição de todos os povos", que ainda não "existe" (como *lei* formalizada), mas orienta superiormente a captação do Direito.[1]

Sob o ponto de vista do socialismo, não é outro o posicionamento de Ernst Bloch, filósofo marxista alemão, quando afirma que "a dignidade é impossível sem a libertação econômica", mas a libertação econômica "é impossível, também se desaparece a causa dos Direitos do Homem. Esses dois resultados não nascem, automaticamente, do mesmo ato, mas reciprocamente se reportam um ao outro. Não há verdadeiro estabelecimento dos Direitos Humanos sem o fim da exploração; não há fim verdadeiro da exploração sem o estabelecimento dos Direitos Humanos". Daí a importância da revisão crítica, inclusive numa legislação socialista.

Nosso objetivo é perguntar, no sentido mais amplo, o que é Direito (com ou sem leis), mas é preciso esclarecer, igualmente, que *nada* é, num sentido perfeito e acabado; que *tudo* é, *sendo*. Queremos dizer, com isso, que as coisas não obedecem a essências ideais, criadas por certos filósofos, como espécie de modelo fixo, um cabide metafísico, em que penduram a realidade dos fenômenos naturais e sociais. As coisas, ao contrário, formam-se nestas próprias condições de existência que prevalecem na Natureza e na Sociedade, onde ademais se mantêm num movimento de constante e contínua transformação. É desse modo que elas se entrosam na totalidade dos objetos observáveis e das forças naturais e sociais, que os modelam e orientam a sua evolução. Cada fenômeno (fenômeno é, etimologicamente, coisa que sur-

---

1. Este livro foi escrito em 1982, seis anos antes da Constituição de 1988.

ge) pode, então, revelar o seu fundamento e sentido, que só emerge em função daquela totalidade móvel. Isoladamente, cada um perde a significação própria e a conexão vital, assim como o órgão sem o organismo em que funciona, ou o homem, sem a sociedade, fora da qual ele não existe humanamente e regride na escala zoológica.

Nesta perspectiva, quando buscamos o que o Direito é, estamos antes perguntando o que ele vem a ser, nas transformações incessantes do seu conteúdo e forma de manifestação concreta dentro do mundo histórico e social. Isso não significa, porém, que é impossível determinar a "essência" do Direito — o que, apesar de tudo, ele é, enquanto vai sendo: o que surge de constante, na diversidade, e que se denomina, tecnicamente, ontologia. Apenas fica ressalvado que uma ontologia dialética, tal como indicava o filósofo húngaro Lukács, tem base nos fenômenos e a partir deles procura deduzir o "ser" de alguma coisa, buscado, assim, no interior da própria cadeia de transformações.

IDEOLOGIAS JURÍDICAS

Começaremos recapitulando, abreviadamente, os tipos de ideologia jurídica encontrados no segmento da História que se estende da Antiguidade aos nossos dias no panorama geográfico denominado, segundo convenção muito comum, de "Ocidental".

A amostra é suficientemente ampla (abrangendo mais ou menos 25 séculos) para servir como prova de que, nas ideologias, a "essência" do Direito vai transparecendo, embora de forma incompleta ou distorcida.

Entretanto, vamos abrir uma seção preliminar, a fim de esclarecer em que sentido estamos empregando o termo ideologia — que é utilizado por diferentes autores, numa variedade considerável de significados. Dessa maneira, será possível mostrar que as abordagens diversas não se excluem reciprocamente, mas, ao contrário, se integram, representando, simplesmente, modos distintos de colocar-se o observador perante o mesmo fenômeno.

Ideologia significou, primeiramente, o estudo da origem e funcionamento das ideias em relação aos signos que as representam; mas, logo, passou a designar essas ideias mesmas, o conjunto de ideias de uma pessoa ou grupo, a estrutura de suas opiniões, organizada em certo padrão. Todavia, o estudo das ideias e seus conjuntos padronizados começou a destacar as deformações do raciocínio, pelos seus conteúdos e métodos, distorcidos ao sabor de vários condicionamentos, fundamentalmente sociais. Por outras palavras, descobriu-se que a imagem mental não corresponde exatamente à realidade das coisas.

Essa verificação era irresistível, na análise das ideologias, e por isso mesmo o escritor francês Stendhal ficou muito irritado ante a mera proposta de um estudo desse tipo. Não é muito agradável saber que andamos iludidos e Stendhal chegou a desabafar-se de forma pitoresca: "um tratado de ideologia é um desaforo! Então pensam que eu não raciocino corretamente?!" Aliás, é isso mesmo que ocorre: ninguém raciocina com absoluta perfeição e há sempre uma boa margem de deformações, a que não escapam as próprias ciências. Queremos dizer que também nessas se intromete certo grau de ideologia, afetando as premissas (princípios que servem de base a um raciocínio) e as conclusões a que chegam os cientistas.

Assim, no desenvolvimento de suas pesquisas sobre o que chama "discurso competente", Marilena Chauí mostrou, com acerto, de que maneira a ciência não só carrega elementos ideológicos no seu interior, mas até serve à dominação social dos "donos do poder", quando impõem aqueles falsos conteúdos à práxis social. Basta pensar, por exemplo, no que fazem os *"Chicago boys"*, criados na incubadora do economista Friedman e, depois, usados como assessores "científicos" do autoritarismo chileno ou até na política socioeconômica da sra. Thatcher, a "dama de ferro" do conservantismo inglês.

A partir de uma quota fatal de interferências ideológicas (de "ideias" preconcebidas e modeladas conforme os posicionamentos classísticos), o estudo das ideologias e a crítica do seu teor e efeitos encaminharam-se no sentido de falar da ideologia não mais como simples conjunto de ideias, formando um padrão, mas *apenas* no setor desses conjuntos ou em conjuntos inteiros que carregam e transmitem as deformações. Dessa maneira, surgiu o emprego atual, mais comum, do termo ideologia, como uma série de opiniões que *não* correspondem à realidade.

Nesse ponto é que surgem aquelas diferentes abordagens que já mencionamos. Desprezando matizes e sutilezas, é talvez possível reuni-las em três modelos principais: a) ideologia como crença; b) ideologia como falsa consciência; c) ideologia como instituição. Nos dois primeiros, ela é considerada em função dos sujeitos que a absorvem e vinculam; no terceiro é procurada na sociedade e independentemente dos sujeitos. A ideologia como crença mostra em que ordem de fenômenos mentais ela aparece. A ideologia como falsa consciência revela o efeito característico de certas crenças como deformação da realidade. A ideologia como instituição destaca a origem social do produto e os processos, também sociais, de sua transmissão a grupos e pessoas.

Quando se fala na ideologia como crença, não se faz referência especial às crenças religiosas, embora estas últimas possam estar como efetivamente estão — infestadas de elementos ideológicos. A ideologia como crença opõe essa última às ideias, no sentido de que a ambas as palavras dava o pensador espanhol Ortega y Gasset. Por mais direitista que fosse, nem por isso ele seria incapaz de, em muitos pontos, acertar o martelo nos pregos em vez de golpear os dedos. Fazemos essa observação porque notamos que certas pessoas têm o hábito de discordar, em princípio, do nome ou da posição social dos autores, dispensando-se de verificar se, com tudo isso, o que eles dizem a respeito de um tema é certo ou errado. Já lemos um texto em que toda a filosofia de Kant, a grande figura do idealismo alemão, era explicada, resumida e liquidada em duas palavras: "pequeno-burguesa". Embora sejamos adversários de Kant, este juízo sumário parece-nos inaceitável, porque não explica a diferença entre Kant e outro pequeno-burguês qualquer, não aprecia validamente todas as suas ideias, algumas das quais são exatas, nem liquida a sua influência na história do pensamento, que vai da direita à esquerda, compreendendo, inclusive, não poucos marxistas.

Ortega considerava as ideias algo que adquirimos através de um esforço mental deliberado e com maior grau possível de senso crítico. As crenças, ao contrário, representariam opiniões pré-fabricadas, que nos vêm pelo contágio do meio, da educação e do lugar que ocupamos na estrutura social. Diz ele que as ideias nós temos e nas crenças estamos; isto é, nem nos ocorre discuti-las, tão óbvias nos parecem. E exato que, para Ortega, as crenças podem ser positivas e negativas (ao exame exterior que delas se faça), não se discutindo que, se alguém "crê" (sem refletir sobre isso) que a parede à frente é intransponível pelo seu avantajado corpo, faz muito bem quando evita uma topada desastrosa.

Mas, em todo caso, a natureza subliminar (inconsciente) das crenças é que lhes vai dar uma característica favorecedora da ideologia. Em síntese, diríamos que nem toda a crença é ideologia (pode ser um resíduo válido de certezas adquiridas), mas toda ideologia se *manifesta* como crença (na medida em que nessa ficamos, sem verificar se, assim fazendo, é adotada a boa ou má posição; simplesmente parece que outra qualquer posição é inconcebível e só pode surgir por burrice, ignorância ou safadeza dos que a mantêm).

A ideologia, portanto, é uma crença falsa, uma "evidência" não refletida que traduz uma deformação inconsciente da realidade. Não vemos os subterrâneos de irreflexão em que a fomos buscar e, ao contrário, ela nos traz a ilusão de uma certeza tal, que nem achamos necessário demonstrá-la. Raciocinamos a partir dela, mas não sobre ela, de vez que considerá-la como objeto de reflexão e fazer incidir sobre aquilo o senso crítico já seria o primeiro passo da direção superadora, isto é, iniciaria o processo da desideologização. Por isso mesmo, aceitamos, de bom grado, a troca de ideias, mas suportamos com dificuldade um desafio às crenças. Quem remexe nelas arrisca-se a receber um xingamento ou um coice.

A ideologia, como crença falsa, leva-nos, portanto, à abordagem da falsa consciência. E essa última se exprime com tanto mais vigor quanto mais frágeis (isso é, falsos) são os seus presumidos fundamentos. Esses passam a guiar, então, as nossas atitudes e raciocínios como "evidências" desvairadas. O escritor francês Alain dizia que se trata de um "delírio declamatório", na medida em que repetimos tranquilamente (e, se contestados, repetimos exaltadamente) os maiores e mais convictos despropósitos. Pense o leitor na energia com que o racista proclama a "superioridade" do branco sobre o negro; com que o machista denuncia a "inferioridade" da mulher diante do homem; com que o burguês atribui ao "radical" o rompimento da "paz social" (que é, na verdade, o sossego para gozar, sem "contestação", os seus privilégios de classe dominante).

A falsa consciência introduz-se nas análises da ideologia, sobretudo a partir das contribuições marxistas. Não se trata de má-fé, assinalam Marx e Engels, de vez que a má-fé pressupõe uma distorção consciente e voluntária; a ideologia é cegueira parcial da inteligência entorpecida pela propaganda dos que a forjaram. O "discurso competente", em que a ciência se corrompe a fim de servir à dominação, mantém ligação inextrincável com o discurso conveniente, mediante o qual as classes privilegiadas substituem a realidade pela imagem que lhes é mais favorável, e tratam de impô-la aos demais, com todos os recursos de que dispõem (órgãos de comunicação de massas, ensino, instrumentos especiais de controle social de que participam e, é claro, com forma destacada, as próprias leis).

Mas a essa altura, sem dúvida, já nos deslocamos da natureza e efeitos da ideologia, para as suas origens. Nessa ordem de investigações também é grande a influência do marxismo em todo o pensamento contemporâneo. Uma disciplina chamada Sociologia do Conhecimento, cuja finalidade científica é investigar as raízes sociais de qualquer tipo de saber, constitui, quer queiram quer não os seus autores, um diálogo com o marxismo, em que muito mais é recebido do que reelaborado. Basicamente, foi o marxismo que propôs uma explicação das origens da ideologia, apontando os interesses e conveniências dos que controlam a vida social — já que, nesta, se apropriaram dos meios de produção econômica e de tudo o que representa a força e o poder, inclusive os meios de comunicação de massa, a organização do ensino e a produção das leis.

As formações ideológicas estariam, assim, relacionadas com a divisão de classes, favorecendo uma (privilegiada) e se impondo à outra (espoliada na própria base da sua existência material). Tal dominação, evidentemente, não será eterna, pois as contradições da estrutura acabam rompendo a pirâmide do poder e, conscientizados nisso, os que carregam o peso da opressão, abre-se espaço à contestação da ideologia "oficial".

Mas decerto convém matizar esse influxo, na proporção mesma do processo dialético, que está no cerne do marxismo, apesar de obscurecer-se bastante, quando certas derivadas dele se desviam para a visão dogmática e mecânica. Engels dizia, com bastante ênfase, que o materialismo histórico pretende ser um guia para o estudo, não uma receita fácil a fim de que se derive, sem mais, da estrutura social básica tudo o que vier a ocorrer.

O fato é que não se pode reconduzir, em linha reta, qualquer fenômeno ideológico à organização socioeconômica. Há produtos ideológicos relativamente solúveis, sem troca do modo de produção, como os há relativamente indissolúveis, mesmo quando a troca se consumou. Exemplo disso é o machismo, já citado, que se vai atenuando, em certas sociedades capitalistas, e resiste com mais vigor em determinados países de socialismo implantado, ao menos quanto à base material das relações de produção.

Em todo caso, as ideologias, absorvidas e definidas por este ou aquele sujeito, não são por ele criadas, mas *recebidas*. É isto que suscita a abordagem da ideologia como instituição, como algo que se cria e se manifesta na sociedade e não na cabeça deste ou daquele indivíduo. A ideologia é fato social (exterior, anterior e superior aos indivíduos), antes de tornar-se um fato psicológico (enquanto invade a formação mental, entretanto, sorrateira, nas profundezas da mente). Porém, não se trata, propriamente, de um "aparelho" ideológico, já que essa metáfora (significação de uma palavra estendida a outra coisa semelhante ao que ela designa) tem o risco de sugerir uma forma, também mecânica, de atuação. Nesse caso, o homem seria boneco inerte, fatalmente preso às determinações externas. E quem escaparia para corrigir a deformação ou proclamá-la incorrigível?

Aliás, existe uma espécie curiosa de maniqueísmo (doutrina que vê tudo como uma espécie de bangue-bangue, com os "mocinhos" de um lado e os "bandidos" do outro) na oposição entre ideologia e ciência, que tende a considerar ideologia o saber dos outros e ciência imaculada o saber de tais maniqueus. Em verdade, as coisas são muito mais complicadas, porque ficamos sempre oscilando entre a crença (iludida) e a ciência (retificadora) que, de qualquer forma, nunca se põe, definitivamente, como perfeita e acabada. E, coletivamente, não participamos de uma tragédia, em que todos se agitam em vão, arrastados para a catástrofe inevitável, como um bando de cegos incuráveis: participamos, ao contrário, de um drama, em que os personagens buscam o seu itinerário, lutando contra barreiras de todo gênero e com a chance de uma vitória final contra o "destino" (na medida em que temos a possibilidade de transformar a cegueira em miopia e procurar os óculos mais aperfeiçoados para ver o caminho).

Marx já lembrava que não somos nem totalmente livres nem totalmente determinados. Se podemos superar as determinações, elas são, portanto, antes *condicionamentos* ("determinações" vencíveis, e não fatais), e é assim que se entende melhor a posição de Marx ao dizer que a maneira de superar as "determinações" é conscientizá-las. A propósito, um autor francês, Cuvillier, já observou que, em textos fundamentais do marxismo, a flexão alemã *bedingt* (condiciona) tende a ser traduzida, inexatamente, como "determina". De qualquer maneira, a superação das "determinações" já acentua a participação ativa do homem e não apenas o funcionamento de máquinas e aparelhos.

Por outro lado, há condições sociais que *favorecem* a conscientização: elas emergem quando as contradições de uma estrutura social se agravam e a crise mais funda torna *claros* os contrastes entre a realidade e as ideologias. Hoje, o operário não tira mais o boné fazendo uma reverência ao "sr. dr." que passa fumando charuto e com a mais-valia no bolso. Ele já percebeu que existe "algo errado" no sistema, em que o valor dos bens produzidos pelo seu trabalho não corresponde à parte que lhe cabe a título de salário: e é precisamente nessa diferença que consiste a mais-valia, cujo destino é demasiadamente óbvio para que o trabalhador se conforme com vê-la engordar a riqueza do capitalista enquanto a miséria do povo se torna cada vez mais dolorosa. A crise econômica e, mais amplamente, a crise social determinam rachaduras nas paredes institucionais e rompem o verniz das ideologias.

Dentro desse clima, não é mais possível o funcionamento, por exemplo, daquela crença de que "cada um tem o seu lugar", como se este fosse imposto pela natureza das coisas — por Deus ou pela racional partilha — e não pelos interesses entronizados de uma classe dominante. A propósito de "dar a cada um o que é seu", como princípio "jurídico", mostrava o grande jurista João Mangabeira que é expressão muito velha da separação social das classes entre os proprietários e os não-proprietários, entre os dominantes e os espoliados: "porque se a justiça consiste em dar a cada um o que é seu, dê-se ao pobre a pobreza, ao miserável a miséria, ao desgraçado a desgraça, que é isso o que é deles... Nem era senão por isso que ao escravo se dava a escravidão, que era o *seu*, no sistema de produção em que aquela fórmula se criou. Mas bem sabeis que esta justiça monstruosa tudo pode ser, menos justiça. A regra da Justiça deve ser a cada um segundo o seu trabalho, como resulta da sentença de São Paulo na carta aos Tessalonicenses, enquanto não se atinge o princípio de a cada um segundo a sua necessidade".

À medida que a crise social desenvolve as contradições do Sistema, emergem as conscientizações que apontam os seus vícios estruturais e surge um pensamento de vanguarda, que vê mais precisamente onde estão os rombos, superando a ideologia e fazendo avançar a ciência. Um jurista atual não pode mais receber o seu rubi de bacharel repetindo, com serenidade, "a cada um o que é seu", como se fosse a serena verdade do Direito.

A ciência, porém, não será nunca, repetimos, definitiva, acabada e perfeita. A verdade absoluta — recorda-nos o marxista polonês Adam Schaff — é apenas um limite ideal, como na série matemática, um limite que efetivamente vai recuando cada vez mais à medida que avançamos. Isso *não* quer dizer que as verdades relativas alcançadas pelo homem sejam menos objetivas e válidas: a opção a fazer, nota Schaff, é pela "verdade mais completa possível", na etapa atual e, a fim de procurá-la, é preciso combater em sua origem — a sociedade injusta — e em nós mesmos — pela conscientização assentada numa práxis libertadora — os fantasmas ideológicos, a fim de que não nos transformemos naquele tipo de intelectual atarantado, que "contesta" sem saber bem o quê nem por quê. Este já foi corretamente visto como "a face exótica do poder".

Em síntese, a formação ideológica (fato — instituição social), oriunda, em termos gerais, de contradições da estrutura socioeconômica (mas não exclusivamente redutível a essas, pois, com *relativa* independência, aparece, subsiste ou se dissolve) cristaliza um repertório de crenças, que os sujeitos absorvem e que lhes deforma o raciocínio, devido à consciência falsa (isto é, a inconsciência de que eles são guiados por princípios recebidos como evidências e que, na verdade, constituem meras conveniências de classe ou grupo encarapitados em posição de privilégio).

No esforço para nos libertarmos desses condicionamentos floresce, por outro lado, uma conscientização, favorecida, em seu impulso crítico, pelas crises que manifestam as contradições da estrutura social, onde primeiro surgiram as crenças, agora contestadas ou de contestação viável (se não nos acomodarmos na alienação, desligando a mente do que vai em torno). O grau dessa conscientização, a sua própria coerência e persistência dependem sempre do nosso engajamento numa práxis, numa participação ativa consequente.

Não adianta ver que "o mundo está errado" e encolher os ombros, fugindo para algum "paraíso artificial", no porre, no embalo, no sexo obsessivo ou na transferência de qualquer atuação positiva para mais tarde, em outra vida, no "além". E quando falamos em práxis é evidente que ela pode ser também de maior ou menor amplitude; mas a atitude modesta, limitada mesmo, já é uma forma válida de participar pelo discurso, pelo voto, pela arregimentação, pela ajuda material e moral a espoliados e oprimidos.

Tudo isso se reflete nas ideologias jurídicas. Tal como as outras, elas aparecem dando expressão, em última análise, aos posicionamentos de classe, tanto assim que as correntes de "ideias aceitas" podem mudar — e, de fato, mudam — conforme esteja a classe em ascensão, relativa estabilidade ou decadência. Veremos adiante, por exemplo, que a burguesia chegou ao poder desfraldando a bandeira ideológica do direito natural — com fundamento acima das leis — e, tendo conquistado o que pretendia, trocou de doutrina, passando a defender o positivismo jurídico (em substância, a ideologia da ordem assente). Pudera! A "guitarra" legislativa já estava em suas mãos. A primeira fase contestou o poder aristocrático-feudal, na força do capitalismo em subida, para dominar o Estado. A segunda fez a digestão da vitória, pois já não precisava mais desafiar um poder de que se apossara. É daí que surge a transformação do grito libertário (invocando direitos supralegais) em arroto social de pança cheia (não admitindo a existência de Direito senão em suas leis).

Apesar de tudo, as ideologias jurídicas encerram aspectos particularmente interessantes, além de traduzirem, conquanto deformados, elementos de realidade. Porque distorção é precisamente isso: a imagem alterada, não inventada. O Direito, alongado ou achatado, como reflexo numa superfície côncava ou convexa ainda apresenta certas características reconhecíveis. Resta desentortar o espelho, torná-lo, tanto quanto possível, plano e abrangedor, dentro das condições atuais de reexame global.

Isso se beneficia, por outro lado, como processo de conscientização, da "crise do Direito" — isso é, desse "direito" que ainda aparece nos compêndios, nos tratados, no ensino e na prática de muitos juristas; no discurso do poder e até — por lamentável contágio — em certos grupos e pessoas de sincero engajamento progressista. Estes últimos desafiam o estreito legalismo como se ali residisse o Direito inteiro e assim, com o desaparecimento de leis que representam mera conveniência e interesse de uma ilegítima dominação, pensam que sumirá o Direito mesmo.

Procuraremos demonstrar adiante que isso não é exato e que, ao contrário, andava certo o eminente colega Dalmo Dallari quando, em outro volume desta coleção, escreveu: "Na realidade, o direito usado para dominação e injustiça é um direito legítimo, um falso direito". O que se faz, aqui, é ampliar, desenvolver este excelente ponto de partida, esboçando uma abordagem global do Direito, sob o ponto de vista dialético.

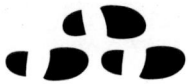

Principais modelos de ideologia jurídica

Não é possível repassar, agora, todas as ideologias jurídicas, uma por uma. Vamos, portanto, simplificar o imenso repertório de doutrinas que aparecem, da Antiguidade aos nossos dias. Tomaremos apenas dois modelos básicos, em torno dos quais se polarizam os diferentes subgrupos ideológicos — a que só faremos um breve aceno, sem descer a pormenores da posição de autores e movimentos. Fundamentalmente, aquelas ideologias situam-se entre o direito natural e o direito positivo, correspondendo às concepções jusnaturalista e positivista do Direito. A essas duas daremos, portanto, especial atenção, porque a maior parte dos juristas, ainda hoje, adota uma ou a outra, como se, fora de ambas, não houvesse maneira de ver o fenômeno jurídico.

É certo que muitos autores tradicionais não se julgariam corretamente enquadrados numa dessas duas posições; mas, quando observamos os alicerces da construção que pretende ser diferente, aparece ali a mesma oposição, que se pretendia evitar, entre direito positivo e direito natural. Antes de fazer um exame especial dessas duas resistentes concepções, que assinalam a grande cisão das ideologias jurídicas — de um lado, o Direito como *ordem* estabelecida (positivismo) e, de outro, como ordem *justa* (jusnaturalismo) —, daremos uns exemplos daquelas doutrinas que supostamente fugiram ao dilema.

Assim, Miguel Reale, entre outros, recusaria a classificação como positivista e, no entanto, para este filósofo do Direito, é *na ordem* que se encontra a raiz de toda a elaboração jurídica: "em toda a comunidade, é mister que uma ordem jurídica declare, em última instância, o que é lícito ou ilícito". E, para mais enfatizar esse posicionamento, o mesmo destacado pensador da direita repete e endossa uma frase de Hauriou, no sentido de que "a ordem social representa o *minimum* de existência e a justiça social é um luxo, até certo ponto dispensável". Não se poderia fixar mais claramente a opção positivista. Depois disso, qualquer acréscimo ou matizamento é secundário: permanece, no âmago, o compromisso com a ordem estabelecida e as barreiras que ela opõe ao Direito justo não seriam jamais transponíveis, porque, na verdade, para o positivista, a *ordem* é a "Justiça".

Por outro lado, o jurista alemão Hans Welzel afirma expressamente que não é jusnaturalista e, no entanto, admite certos princípios fixos, inalteráveis, anteriores e superiores às leis e que nenhum legislador pode modificar validamente. Por isso mesmo é, comumente, classificado como um adepto do direito natural.

Somente uma nova teoria *realmente dialética* do Direito evitaria a queda em uma das pontas da antítese (teses radicalmente opostas) entre direito positivo e direito natural. Isso, é claro, como em toda superação dialética, importa em conservar os aspectos válidos de ambas as posições, rejeitando os demais e reenquadrando os primeiros em uma visão superior. Assim, veremos que a *positividade* do Direito *não conduz fatalmente* ao *positivismo* e que o *direito justo* integra a dialética jurídica, sem voar para nuvens metafísicas, isso é, sem *desligar-se das lutas sociais,* no seu desenvolvimento histórico, entre espoliados e oprimidos, de um lado, e espoliadores e opressores, de outro.

Essa síntese dialética será exposta nas conclusões deste livro. Por enquanto, vejamos o panorama tal como ele se apresenta nas ideologias jurídicas de uma tradição que ainda empolga e divide em facções opostas os cultores rotineiros do Direito; pois, antes de esboçar um passo adiante, é preciso ter em mente o caminho percorrido pelos antecessores e que, decerto, não foi inútil, nem mesmo quando representou uma deformação ideológica. É a própria tábua, sobre a qual se balançaram (e balançam ainda) tantos juristas ilustres, que há de servir-nos como trampolim para o salto dialético.

Embora o jusnaturalismo (a ideologia do direito natural) seja a posição mais antiga (e de nenhum modo inteiramente liquidada) é o positivismo que hoje predomina entre os juristas do nosso tempo, seja ele o que assenta na ordem burguesa e capitalista, seja o que, como "legalismo socialista", representou aquele mesmo tipo de congelamento característico, por exemplo, no stalinismo, e que ainda prevalece na URSS.[2] Tal congelamento, aliás, tende a desaparecer nas mais avançadas construções de uma filosofia jurídica realmente dialética.

---

2. A URSS dissolveu-se em dezembro de 1991.

Essa intenção superadora, ainda hesitante, é muito nítida nos mais avançados escritores atuais da teoria socialista do Direito, que combatem o estreito legalismo, tanto nos países de modelo socialista implantado, em termos socioeconômicos, como é o caso de Imre Szabó ou Zoltán Péteri, na Hungria, quanto em autores socialistas que trabalham nos países de estrutura fundada no capitalismo, como era o caso de Ernst Bloch, na Alemanha, até a sua morte, e ainda é o de Michel Miaille, na França, em obras mais recentes. A estes dois últimos faremos referência especial, a propósito de uma tensa, limitada, mas fecunda recolocação da problemática do direito natural, sob o ponto de vista do marxismo.

De qualquer forma, trataremos, em primeiro lugar, do positivismo, tal qual ele se apresenta nas ideologias burguesas, já que é, por assim dizer, o trivial variado da cozinha jurídica, no mundo capitalista que aí temos à nossa frente. Faremos, aqui, apenas a ressalva de que o "legalismo *socialista" apresenta diferenças resultantes do fato de que é socialista*, revestindo, portanto, uma estrutura diversa e socialmente mais avançada; enquanto *esquema* ou modelo, contudo, vem a dar no mesmo, pois que apresenta uma *redução* à ordem posta e, portanto, ordem do Estado, aceita, sem mais, e subsiste a restrição que, como tese jurídica, já decai, por isso mesmo, no pensamento de vanguarda.

Assim como este, do ponto de vista social mais amplo, tende a procurar outro sistema de reestruturação socialista, de baixo para cima, antes no caminho da autogestão (de que participa o povo mais diretamente) do que na pesada maquinaria autoritário-burocrático-estatal, que estabelece um domínio de cima para baixo, a reflexão socialista mais moderna tende, igualmente, a buscar uma teoria jurídica mais flexível, e, afinal, propriamente dialética, em que se liberte daquela noção de Direito como, antes de tudo, direito estatal, ordem estatal, leis e "controle incontrolado".

É na medida em que o socialismo pende para o democrático que a teoria correspondente do Direito pende e avança para o combate ao seu confinamento em estatismo, com a subsistência de opressões várias (por exemplo, a grupos minoritários étnicos ou sexuais). Vimos que as duas palavras-chaves, definidoras do positivismo e do jusnaturalismo, são, para o primeiro, ordem, e, para o segundo, Justiça. Isso se esclarece bem nas duas proposições latinas que simbolizam o dilema (aparentemente insolúvel) entre ambas as posições: *iustum quia iussum gusto*, porque ordenado), que define o positivismo, enquanto este não vê maneira de inserir, *na sua teoria do Direito,* a crítica à injustiça das normas, limitando-se ou a proclamar que elas contêm toda justiça possível ou dizer que o problema da injustiça "não é jurídico"; e *iussum quia iustum* (ordenado porque justo), que representa o jusnaturalismo, para o qual as normas devem obediência a algum padrão superior, sob pena de não serem corretamente jurídicas. Esse padrão tende, por sua vez, a apresentar-se, já dissemos, como fixo, inalterável e superior a toda legislação, mesmo quando se fala num "direito natural de conteúdo variável".

Este, que aparece com o jurista alemão Stammler, também não altera a postura, uma vez que o "conteúdo" é concebido apenas como variação material de normas, *dentro* de uma ordem de princípios universais de ordenação. Isso reduz o número de princípios de direito natural (que, entretanto, permanecem fixos) e abre caminho a toda espécie de "particularização", que acaba entregando os pontos ao Estado; mas tal vício *não é*, *apenas*, da construção do Stammler e, sim, como veremos, de praticamente todo o direito natural.

O positivismo, de qualquer sorte, é uma redução do Direito a ordem estabelecida; o jusnaturalismo é, ao contrário, um desdobramento em dois planos: o que se apresenta nas normas e o que nelas *deve* apresentar-se para que sejam consideradas boas, válidas e legítimas. Em que medida o jusnaturalismo cria, não a superação do positivismo, porém antinomia (contradição insolúvel entre dois princípios), entre a ordem justa e a ordem estabelecida, e, por outro lado, se ele consegue ou não fundamentar convincentemente o plano jurídico superior, que serve de estalão para medir as normas jurídicas encontradas na vida social — eis aí duas questões que examinaremos quando vier à consideração o próprio direito natural.

Por enquanto, verifiquemos as posições e barreiras do positivismo. Ele sempre capta o Direito, quando já vertido em normas; seu limite é o da ordem estabelecida, que se garante diretamente com normas sociais não-legisladas (o costume da classe dominante, por exemplo) ou se articula no Estado, como órgão centralizador do poder, através do qual aquela ordem e classe dominante passam a exprimir-se (nesse caso, ao Estado é deferido o monopólio de produzir ou controlar a produção de normas jurídicas, mediante leis, que só reconhecem os limites por elas mesmas estabelecidas).

De todo modo, as normas — isto é, como vimos os padrões de conduta, impostos pelo poder social, com ameaça de sanções organizadas (medidas repressivas, expressamente indicadas, com órgão e procedimento especiais de aplicação) — constituem, para o positivismo, o completo Direito. E note-se que, no caso, se trata das normas da classe dominante, revestindo a estrutura social estabelecida, porque a presença de *outras* normas — de classe ou grupos dominados — não é reconhecida, pelo positivismo, como elemento jurídico, exceto quando não se revelam incompatíveis com o sistema — portanto, único a valer acima de tudo e todos — daquela ordem, classe e grupos prevalecentes.

Quando o positivista fala em Direito, refere-se a este último — e único — sistema de normas, para ele, válidas, como se ao pensamento e prática jurídicas interessasse apenas o que certos órgãos do poder social (a classe e grupos dominantes ou, por elas, o Estado) impõem e rotulam como Direito. É claro que vai nisso uma confusão, pois tal posicionamento equivale a deduzir todo Direito de *certas* normas, que supostamente o exprimem, como quem dissesse que açúcar "é" aquilo que achamos numa lata com a etiqueta açúcar, ainda que um gaiato lá tenha colocado pó-de-arroz ou um perverso tenha enchido o recipiente com arsênico.

Há, porém, várias espécies de positivismo. Destacaremos, no mínimo, três: o positivismo legalista; o positivismo historicista ou sociologista; o positivismo psicologista. Vamos explicar, brevemente, em que consistem eles.

O positivismo legalista volta-se para a lei e, mesmo quando incorpora outro tipo de norma — como, por exemplo, o costume —, dá à lei total superioridade, tudo ficando subordinado ao que ela determina e jamais sendo permitido — de novo, como exemplo — invocar um costume contra a lei. Não é este, contudo, o único positivismo.

Há também o positivismo historicista ou sociologista. A modalidade historicista recua um passo e prefere voltar-se para as formações jurídicas pré-legislativas, isto é, anteriores à lei. Mergulha, então, nas normas jurídicas não escritas, não organizadas em leis e códigos, mas admitidas como uma espécie de produto espontâneo do que se chama "espírito do povo". Acontece que este fantasma, utilíssimo à ordem dominante, atribui ao "povo" os costumes principais (aqueles *mores,* indicados pelos antropólogos e que são os costumes considerados essenciais para a manutenção da ordem social). Ora, estes *mores* são sempre os da classe e grupos dominantes, mascarados pelo historicismo positivista sob o rótulo de produtos do "espírito do povo".

Dessa maneira, não importa muito que se desloque o foco da legislação (imposto pelo Estado) para os *mores,* de vez que estes, sendo focalizados em termos de *mores* da classe e grupos dominantes, e o Estado sendo expressão da mesma classe, são também à *mesma ordem* a que ambos (historicismo e legalismo) se referem e consideram inatacável. De qualquer forma, quando aparece a legislação estatal, aquelas formulações pré-legislativas tendem a *ceder precedência às leis* e só se aplicam supletivamente; isto é, nas áreas em que não há disciplina legislativa. É o caso, por exemplo, do *common Law* anglo-americano, direito consuetudinário (dos *costumes),* que não prevalece contra lei expressa.

A modalidade sociologista de positivismo tem ligação íntima com a historicista (por isso, foram citadas num só grupo), uma vez que é apenas uma *generalização do historicismo.*

Queremos dizer que, em vez de focalizar um direito costumeiro (afinal engolido pelas leis estatais, quando aparecem estas) o sociologismo propõe o esquema da abordagem historicista, generalizando-o. Assim, ele se volta para o sistema de controle social, que reveste a ordem estabelecida e na qual o Estado seria apenas um representante daquela ordem, que lhe dá substância, validade e fundamento.

De certo modo, ainda mais se destaca, aqui, a dominação classística, pois fica bem clara a natureza e posição dos grupos e pessoas que encarnam a ordem (isto é, antes de tudo, a classe dominante, de que o Estado é visto como simples porta-voz). A presença de outros projetos, outras instituições, oriundas de outra classe e grupos (não-dominantes), é desprezada. O Direito aparece tão-só como forma de controle social, ligado à organização do poder classístico, que tanto pode exprimir-se através das leis como desprezá-las, rasgar Constituições, derrubar titulares e órgãos do Estado legal, tomando *diretamente* as rédeas do poder.

Essas contradições da classe dominante, no entanto, acabam reforçando a dominação, pois o que invoca o novo grupo do poder é a *mesma* ordem social, que entendia mal defendida pelos seus representantes. É assim como se o mandante cassasse os mandatos de seus procuradores, mais ou menos infiéis, com receio de que estes entreguem o ouro aos *banidos* (do poder), isto é, os dominados, que "devem" continuar dominados. Vê-se, então, que as contradições à superfície representam uma coerência mais profunda (a da dominação, é claro).

No positivismo sociologista é a classe dominante (a que ele não alude, por motivos óbvios, como tal, preferindo falar na sociedade, como se esta, por presunção inatacável, estivesse bem defendida por aquela classe) que pretende exprimir "a" cultura e traçar "a" organização social a resguardar pelos mecanismos de controle e "segurança" desta ordem estabelecida. O comportamento divergente dos grupos e classe dominados, seus padrões de conduta (com normas opostas às normas do sistema) são vistos como "subculturas", comportamentos "aberrantes", "antijurídicos", uma "patologia" que constitui "problema social" a ser tratado com medidas repressivo-educativas para conduzir os "transviados" ao "bom caminho".

Se cresce a contestação, a atitude anômica (isto é, que contesta o *nomos*, as normas, da ordem estabelecida), as hipocrisias paternalistas logo tiram a máscara, abandonam o mito da "educação" dos dominados (segundo os padrões da classe e grupos dominantes e para melhor servi-los) e saem para a "ignorância", no sentido popular da palavra, isto é, recorrem à porrada, que os donos do poder e seus dóceis servidores consideram perfeitamente "jurídica".

Em outras palavras, o positivismo legalista, historicista ou sociologista (os dois últimos reforçando o primeiro, a que se acabam rendendo) canoniza a ordem social estabelecida, que só poderia ser alterada *dentro* das regras do jogo que esta própria estabelece... para que não haja alteração fundamental. Aliás, se as regras do jogo, apesar de todas as cautelas e salvaguardas, trazem o risco de vitória, mesmo pelas urnas e dentro dos canais da lei, de correntes reestruturadoras, o poder em exercício (pressionado pelas forças do sistema e pelo seu próprio gosto de ficar no topo da pirâmide) trata de *mudar* as ditas regras do jogo, empacotando *outro* conjunto de normas legais. E assim como se o árbitro criasse um novo caso de impedimento, no meio da partida. Isso quando o time que não lhe é simpático já via toda defesa adversária "furar" e cair, diante do jogador mais ágil, que está sozinho diante do goleiro e na iminência de fazer gol.

Aliás, se os representantes da ordem estabelecida, chegando ao poder estatal, hesitam ou se revelam mais receptivos à pressão popular pelas reestruturações sociais, a mesma classe dominadora não teme substituí-los por outros, mais enérgicos, ainda que, para isso, rompa todo um ciclo de legalidade e substitua a legalidade feita por outra, *então* considerada intocável. E, durante essa substituição, os juristas do positivismo ficam no terrível *suspense*, esperando para ver quem vai "dar as cartas do jogo; isso é, as novas leis, que tais rábulas diplomados e endomingados interpretarão e aplicarão, com a maior cara de pau e todos os balangandãs da técnica jurídica".

Se, porém, a situação interna se transmuda e a classe dominante é derrotada, mesmo nas urnas, chegando as forças progressistas ao poder, o sistema imperialista de controle internacional não tarda a intervir, fomentando a resistência (a isso se chama "desestabilizar" governos), desprezando o princípio de autodeterminação dos povos e mandando dinheiro e armas para manter a "ordem" nos quintais de sua "zona de influência". No meio desse jogo violento, o positivismo psicologista desempenha o papel de inocente útil. Nele, o "espírito do povo não fica pairando na sociedade: baixa na cuca de um ou mais sujeitos privilegiados.

São estes que pretendem: 1. haver descoberto o "direito livre" dentro de suas "belas armas", revelando um "sentimento do Direito"; ou 2. que deferem aos juízes, como no *judgemade law* (o direito criado pela magistratura), de certas ideologias norte-americanas, o poder judicial de construir normas, além e *acima* do que está nas leis: um direito mais rápido, "realista" e concreto do que o dos códigos; ou ainda 3. vão à busca de uma "essência fenomenológica do direito", que não tem o romantismo do direito livre" ou o pragmatismo (neste, o critério da verdade é o sucesso) do "direito dos juízes", mas também não rende mais do que umas fumaças pretensiosas. Dá tudo no mesmo e o que este buquê de ideologias tem de comum, de psicologista, é a transferência de foco, passando daquele panorama exterior (de leis, controle social, "espírito" — objetivo — do "povo") para as cabeças dos ideólogos.

Vejamos um pouco mais de perto o positivismo do terceiro grupo (os positivismos psicologistas). O "sentimento do Direito", procurado numa intuição livre, acaba descobrindo, e não por mera coincidência, na "alma" dos pesquisadores, a ideologia jurídica peculiar à sua classe e seu grupo, isto é, os princípios perfeitamente compatíveis com a *ordem* estabelecida. Começando nas "belas almas", em que a ideologia brota como uma flor, e idealizando, romanticamente, a dominação, o "sentimento do direito" acaba amadurecendo nos mesmos frutos repressivos.

Nem os senhores delicados, do "sentimento" — nem, por outro lado, os senhores práticos, do direito criado por juízes "realistas" — sequer intentam uma crítica real e profunda de pressupostos estabelecidos pela *ordem* social dominante. Ao contrário, eles procuram melhor servi-la, apenas achando que a legislação é um caminho muito estreito (bruto, para os sentimentais, ou atrasado, para os realistas), em relação às exigências de *manter* a estrutura em perfeito funcionamento, com um pouco de água com açúcar ou pondo óleo e peças novas na máquina.

Restam os artifícios da fenomenologia, que é também um positivismo psicologista. Aqui, há pretensões menos românticas, mas o processo nem por isso deixa de parecer-nos uma espécie de mágica besta. Sua intenção declarada, aliás, seria ultrapassar o psicologismo, ir às coisas mesmas, aos fenômenos e, por assim dizer, descascá-los, até que revelem, no âmago, a própria "essência". Mas, perguntemos: quais são os fenômenos assim descascados? São os fatos de dominação que os legalismos, historicismos e sociologismos apresentaram como "jurídicos, isto é, de novo e sempre, a *ordem* estabelecida e seus instrumentos de controle social. Esse não é jamais questionado e, sim, trabalhado mentalmente pelo fenomenólogo, até que só reste a "essência"... da dominação.

E qual o processo utilizado para *extrair* a "essência"? Como é que o fenomenólogo pretende atingir as coisas mesmas? Com a sua "visão" individual, que acaba transferindo para o objeto os próprios elementos ideológicos do observador. Lukács observa que se trata de uma abertura para o mundo de um sujeito que na verdade não sai de si mesmo. *Dizendo* que se libertou da psicologia e das representações mentais para ver as coisas no que essencialmente são, o fenomenólogo toma as coisas (no caso, os fenômenos jurídicos) *tal como as apresentou um fato de dominação* e busca a "essência" dele, numa laboriosa "visão", que esquece de tirar os óculos, de lentes deformadoras, que a ideologia pôs no seu nariz. Finalmente, e muito entusiasmado, grita que "já *morou* na *essência* daquilo"...

Nem foi à toa que as mais laboriosas pretensões fenomenológicas, na teoria do Direito, acabaram "casando" com a teoria "pura" de Hans Kelsen; isto é, a fenomenologia jurídica de Kaufmann ou de Schreier não passa de um caminho complicado para o positivismo legalista de Kelsen. Todas as formas do positivismo, assim, rodam num círculo, porque, a partir do legalismo, giram por diversos graus para chegarem ao mesmo ponto de partida, que é a lei e o Estado.

Em todo esse jogo de positividades manhosas, entretanto, a argúcia de Radbruch apontou um limite: é que, mesmo no plano ideológico, o positivismo, que diviniza a "lei e a ordem" como se ali estivesse o Direito inteiro, há de oferecer um qualquer fundamento jurídico para tal ordem, tal Estado produtor de leis, tal privilégio e exclusividade de produzir leis, que seria do Estado. E Radbruch, o grande jusfilósofo alemão, com certeira malícia nos mostra que o positivismo, neste empenho, "pressupõe um preceito jurídico de direito natural, na base de todas as suas construções", isto é, um preceito jurídico anterior e superior ao direito positivo. O que se pretende afirmar assim é que ou o positivismo se descobre como não-jurídico, fazendo derivar o Direito do simples *fato* de dominação, ou, para tentar a legitimação da ordem e do poder que nela se entroniza, recorre a um princípio que não é o Direito positivo (esse direito já feito e imposto, em substância, pelo Estado), pois a função daquele princípio é precisamente dar fundamento jurídico ao Direito positivo.

Afinal de contas, por que se atribui ao Estado o monopólio de produzir Direito, com a legislação? Que razão *jurídica* legitimaria este privilégio? Nenhum positivista escapa a essa questão: no máximo, ele a *transfere* para outra sede, isto é, procura oferecer à sua ideologia jurídica o aval de sua ideologia *política* — o que não deixa de ser engraçado em quem se afirma "objetivo", isento, até "neutro" politicamente. Um caso extremo é o de Kelsen, a que aludiremos brevemente, porque ele nos conduz aos limites do paradoxo, na sua teimosia positivista.

Assim é que, para conservar aquele mito da "neutralidade", afirma que o Direito é apenas uma técnica de organizar a força do poder; mas, desta maneira, deixa o poder sem justificação, como que nu e pronto a ferrar todo o mundo, mas de calças arriadas, com perigo para sua dignidade; portanto, o mesmo Kelsen acrescenta que a força é empregada "enquanto monopólio da comunidade" e para realizar "a paz social". Dessa maneira, *opta* pela teoria política liberal, que equipara Estado e comunidade, como se aquele representasse todo o povo (ocultando, deste modo, a dominação classística e dos grupos associados a tais classes). Chama-se, então, de "paz social" a ordem estabelecida (em proveito dos dominadores e tentando disfarçar a luta de classes e grupos).

Ora, esse artifício, que põe no Estado sempre a paz e o interesse da comunidade, é mais do que poderia engolir um jusnaturalista consciente. Onde ficam, perante isso, o *Direito* de resistência à tirania, ao poder usurpado? E a guerra justa contra os Estados imperialistas que atacam nações mais fracas como o lobo ao cordeiro?

Junto à questão do Estado emerge a da segurança jurídica, outro mimo da ideologia positivista. Afirma-se que há segurança para os cidadãos, tendo-se em vista que as preceituações legais estabelecem como todos devem pautar a sua conduta, a fim de evitar as sanções estabelecidas, no caso de um descumprimento dos deveres que as leis impõem. Mas haverá maior insegurança do que uma determinação sem limites, através da legislação, do que é permitido ou proibido, além do mais realizada por um certo poder que se dispensa de provar a própria legitimidade? Esse poder, ao contrário, se *presume* legítimo, a partir do *fato* de que está em exercício e chegou à posição desempenhada seguindo os processos que *ele próprio* estabelece, altera e, de todas as formas, controla a seu bel-prazer.

Um círculo de legalidade (aliás, provindo de uma ruptura, mais próxima ou mais remota, de *outra* legalidade) *não é*, em si, *prova* de coisa alguma, quanto à *legitimidade* do poder, já o repetia, entre outros, Heller, conforme lembramos.

Qualquer tirania pagava com gosto (e paga mesmo) esse pequeno tributo, que é cobrir de leis o corpo nu do poder, pensando que isso basta para torná-lo inatacavelmente jurídico. Radbruch, que teve de enfrentar a perseguição de Hitler, advertia, também, que uma legalidade não é suficiente, pois, em situações comuns, ela é, em todo caso, o revestimento de uma estrutura de dominação, que é preciso avaliar criticamente e, em situações extremas, pode ser constituída pelos "editos de um paranóico", isto é, pelas leis de um doente mental com mania de grandeza.

Volta sempre a questão da fonte suprema de qualquer Direito, inclusive do direito de produzir normas legais. A idolatria da ordem nunca elimina (apenas tenta disfarçar) o problema da Justiça. Que será, entretanto, essa Justiça, que se põe no centro das preocupações jusnaturalistas? De que maneira, *mesmo* a *esse nível ideológico,* emerge a dialética da ordem e da Justiça? Ressalvemos que, nesse ponto, estamos fazendo abstração do posicionamento concreto e *realmente* dialético do problema (que só pode ser focalizado a partir da dialética *social,* e não apenas ideológica, do Direito). O nosso objetivo, por enquanto, é mostrar que as ideologias jurídicas refletem, apesar de tudo, algo mais profundo, nelas também relativamente deformado.

O direito natural apresenta-se, fundamentalmente, sob três formas, todas elas procurando estabelecer o padrão jurídico, destinado a validar as normas eventualmente produzidas, ou explicar por que elas não são válidas. As três formas são: a) o direito natural cosmológico; b) o direito natural teológico; c) o direito natural antropológico. A primeira liga-se ao cosmo, o universo físico; a segunda volta-se para Deus; a terceira gira em torno do homem.

Dizem que o direito natural tem origem na própria "natureza das coisas", na ordem cósmica, do universo; e daí vem a expressão direito natural, isto é, buscado na natureza. Entretanto, se nos aproximarmos das concepções do que é tomado como "natureza das coisas", verificamos que esta é apenas invocada para justificar uma determinada ordem social estabelecida, ou revelar o choque de duas ordens também sociais. Notemos, por exemplo, no primeiro caso, a atribuição ao direito natural, isto é, à "natureza das coisas", da escravidão, naquelas sociedades em que o escravagismo é o modo de produção econômica e, portanto, a base da estrutura assente. No segundo caso, temos, por exemplo, o conflito entre os costumes tradicionais religiosos, invocados por Antígona na tragédia grega de Sófocles, e a lei da Cidade-Estado, representada por Creonte.

Desde esse último ponto se esboça a especial tensão do jusnaturalismo, que vive oscilando entre os dois pólos, já entrevistos por Mannheim, sociólogo alemão, e mais recentemente focalizados pelo marxista Miaille: o direito natural conservador e o direito natural de combate. Porque, nota este último autor, "todos os movimentos sociais fundaram-se num 'Direito' que exprimia a sua própria situação e reivindicações". Assim é que Miaille vai recomendar um "novo direito natural" de combate e concentrado na luta de classes e na liberação de grupos oprimidos.

Temos insistido, invariavelmente, nesta referência a classes e grupos, e é preciso explicar que ela distingue o aspecto básico da oposição entre uma classe dominante, espoliadora, e uma classe dominada, espoliada, paralelamente à oposição entre grupos opressores e oprimidos, esta última oposição *não* estando diretamente ligada à outra. Assim é que Miaille recorda os conflitos de grupos, em termos de "minorias exigindo o direito à diferença", um contraste colateral (de alcance jurídico, mas não vinculado à questão socioeconômica apenas): minorias regionalistas, minorias sexuais, minorias étnicas. Assim como deixamos registrado, quanto às ideologias, o contraste não representa, sem mais, um choque classístico, podendo dissolver-se ou subsistir, independentemente da troca do modo de produção. Citamos, por exemplo, o machismo, que mantém a opressão da mulher ou dos homossexuais, em sociedades cuja base econômica já alterou o sistema classístico e a espoliação maior da injusta distribuição da propriedade.

As limitações que um "novo direito natural" apresentaria serão indicadas no final deste capítulo; mas, de qualquer forma, o direito natural de combate pretende fundar um quarto modelo, que se poderia chamar de direito natural histórico-social e que nada tem a ver com os tipos tradicionais, cosmológico, teológico e antropológico.

Vimos em que consiste a forma cosmológica; a teológica pretende deduzir o direito natural da lei divina. Esta iria descendo, como que por uma escada: Deus manda; o sacerdote abençoa o soberano; o soberano dita a "particularização" dos preceitos divinos, em suas leis humanas... e o povo? A este só cumpriria aceitar, crer e obedecer. É claro que sempre fica admitida, em tese, a possibilidade de um erro dedutivo, em que a lei humana, por malícia ou cegueira, em vez de "concretizar" os vagos preceitos da lei de Deus, disporia escandalosamente *contra* esses preceitos. Mas isso é *minimizado,* seja porque, como em São Tomás de Aquino, ao poder social é deferida uma larga discrição no estabelecer o "justo particularizado" (é a tradição, que vem de Aristóteles), seja porque, como em Santo Agostinho, se admite que, criado e mantido pela Providência Divina, o poder social extrai dessa investidura uma espécie de apoio moral de Deus para todos os seus abusos. O que "Deus criou e mantém" se entende que exprime o que Deus quer e consagra. De outra forma, o Senhor destronaria o soberano, com um divino pontapé no traseiro.

Em nosso tempo, o filósofo católico Maritain demonstra bem a tendência a *minimizar* o conflito entre lei divina e lei humana, recomendando ao oprimido a "coragem de sofrer", a "paciência", diante da dominação interna ou externa (o Estado que oprime o povo ou imperialismo que submete este último — e até o Estado — à dominação estrangeira). Assim, à força física prepotente nada mais se oporia do que a "força moral", o que é *muito conveniente* para o dominador, que jamais deu bola para tal "superioridade".

Aliás, o direito natural teológico, prevalecendo na Idade Média, servia muito bem à estrutura aristocrático-feudal, geralmente fazendo de Deus uma espécie de político situacionista. Mesmo quando a Igreja e o soberano (não esqueçamos de que a Igreja era Estado também) andavam às turras, essas pugnas de gigantes poderosos nada tinham a ver com o povo, nem contestavam as bases espoliativas da ordem socioeconômica. Era, de novo, uma cobertura ideológica para o modo de produção. Tanto assim que a burguesia, no alvorecer do capitalismo, já tendo adquirido o poder econômico, partiu para a conquista do poder político, adotando outro tipo de jusnaturalismo, o mesmo que as nações emergentes, como a Holanda, invocavam para quebrar a partilha do mundo entre as nações católicas, dentro da linha traçada pelo Vaticano.

A contestação burguesa da ordem aristocrático-feudal, internamente, assim como do sistema internacional montado, recorreu, então, à forma de direito natural, que denominamos antropológico, isto é, do homem, que extraía os princípios supremos de sua própria razão, de sua inteligência. Esses princípios, e de novo não por mera coincidência, eram, evidentemente, os que favoreciam as posições e reivindicações da classe em ascensão — a burguesia — e das nações em que capitalismo e protestantismo davam as mãos para a conquista do seu "lugar ao sol".

Está visto que, chegando ao poder, a burguesia, como já acentuamos, descartou o seu jusnaturalismo, passando a defender a tese positivista: já tinha conquistado a máquina de fazer leis e por quê, então, apelar para um Direito Superior? Bastava a ordem estabelecida. Por outro lado, no plano internacional, as novas correlações de forças iam formar-se, para a ordem, em que o liberal, o burguês, o capitalista — ontem execrados — ganhassem trânsito, extravasassem nos imperialismos e acabassem até obtendo o reconhecimento do Vaticano, que, repitamos, é também um Estado e, como Estado, se tornou capitalista.

Na verdade, o direito natural não é tanto imobilista (apesar de suas pretensões a critério eterno e fixo de avaliação jurídica) como bastante manhoso: ele sempre deixa lugar para as "concretizações", em que os preceitos atribuídos à natureza, a Deus ou ao próprio esforço racional, tendem a conciliar o padrão absoluto e as leis vigentes. Todavia, o mero dualismo (oposição de direito natural e direito positivo) tem uma certa dinâmica, que ao menos conserva a ideia potencial de uma confrontação. E, por isso, aliás, que nas horas de intoleráveis tensões — em que o poder instituído vai aumentando a intensidade da prepotência e sua autoridade desgastada vai também fazendo aumentar a intensidade da contestação — costuma reaparecer, com especial atrativo, o velho direito natural. Já se falou, por isso, em "eterno retorno", diante da longevidade jusnaturalista.

Na falta de uma visão dialética, o jurista não sabe para que apelar, quando aparecem as situações monstruosas que a ninguém mais permitem engolir os sapos inevitáveis (os sapos tornaram-se indeglutíveis). Assim é que, na Alemanha Ocidental, durante o nazismo, para a resistência, ou após ele, para a restauração liberal democrática, o jusnaturalismo ressurgiu com extraordinário vigor. Depois de ficar subjacente a todo o julgamento dos criminosos levados ao Tribunal de Nuremberg (onde foram julgados, após a Segunda Guerra Mundial, os dirigentes nazistas), o direito natural serviu de fundamento a sentenças da Justiça alemã, anulando velhas decisões, baseadas em leis nazistas, e empolgou as cátedras universitárias daquele país.

O Direito de resistência à tirania, o Direito à guerra de libertação nacional, o Direito à guerra justa em geral, uma certa preocupação com a legitimidade (não só a legalidade) do poder têm nítido sabor jusnaturalista, e essa ideologia se revigora, como dissemos, a todo instante de maior tensão. O mal é que, nela, as questões vêm tratadas no plano ideal, da abstração, no sentido de que não conseguem ligar a elaboração teórica aos grupos, classes, dominações e impulsos libertários, sistemas de normas estatais e pluralidade de ordenamentos (isto é, outros conjuntos de normas jurídicas, não-estatais, institucionalizadas e funcionando em círculos de atuação dos grupos oprimidos e classes espoliadas).

Por outro lado, o direito natural fica preso à noção de princípios "imortais" (da natureza, de Deus ou da razão humana) e, quando eles descem à "particularização", tendem a confundir-se com o direito positivo do Estado ou dos grupos e das classes prevalecentes. Apesar de tudo, é possível distinguir, naquela dinâmica dos dois direitos — o que aparece na ordem estatal ou costumeira e o que surge como direito superior — um germe da contestação possível, que torna o direito natural afeiçoável às reivindicações supralegais (acima das leis e até contra elas) e, em consequência, muito propício à utilização, nas horas de crise do direito positivo, pela classe e grupos dominados.

É por esse motivo, como vimos, que Mannheim fala num direito natural progressista (perante o conservador) e autores marxistas como Ernst Bloch ou Miaille não hesitam em adotá-lo sob o ângulo de um direito natural de combate. Ernst Bloch chegou mesmo a fazer uma longa investigação histórica sobre essa ideologia, procurando mostrar que o germe de contestação a que aludimos é muito mais forte do que comumente se pensa. Entretanto, permanece o dualismo — direito positivo e direito natural — como uma antinomia (uma contradição insolúvel), que parte o Direito num ângulo que só vê a ordem e noutro que invoca uma Justiça, cujo fundamento não é adequadamente assentado *nas próprias* lutas sociais e, sim, em princípios abstratos.

Por essa razão, era perfeitamente compreensível a irritação de Engels contra Lassalle, quando este cogitava um "Direito absoluto" uma "ideia de Direito", pairando acima do processo histórico e suas lutas concretas. Engels afirmou, então, que tal "ideia do Direito" nada mais era do que o "processo histórico mesmo", sua direção superadora e libertadora.

Mas decerto aí podemos discernir não só a práxis dos grupos e classes em ascensão, porém, à medida que essas formulam os objetivos de sua luta, uma série de reivindicações, *jurídicas também*. Isso, desde que por Direito não se tome, nem o que a ordem dominante estabelece, nem um conjunto de princípios que não revelam bem de que fonte extraem substância e validade e *por que mudam*, historicamente, ficando uns superados — como vimos, quanto ao "dar a cada um o que é seu" — e outros aparecendo no horizonte, como, por exemplo, o direito de todos a um nível de vida adequado, que emerge na Declaração Universal dos Direitos Humanos de 1948, consagrando um princípio ganho nas lutas sociais mais modernas.

Só um fôlego dialético poderia unificar, dentro da totalidade do processo histórico e na sua perpétua transformação, os aspectos polarizadores de positividade e Justiça, de elaboração de normas e padrão avaliador da legitimidade. Muitos autores têm reconhecido, como Dujardin e Michel, que ainda não existe uma teoria dialética de Direito perfeitamente elaborada, e que é insuficiente o "positivismo de esquerda" (a equiparação do Direito às normas estatais, às leis, com o acréscimo de uma "explicação", em geral bastante mecanicista, deste direito pela chamada infraestrutura socioeconômica).

Dentro dessa perspectiva, o máximo que se pode fazer é o "uso alternativo" do direito positivo e estatal, como propõem Barcellona e seus seguidores, isto é, explorar as contradições do direito positivo e estatal em proveito não da classe e grupos dominantes, mas dos espoliados e oprimidos.

A tarefa é de não pequena importância, mas também não supre as lacunas da concepção positivista do Direito — que analisamos neste capítulo.

E foi isso que viram os marxistas de outra orientação, isto é, os que voltaram para um novo tipo de direito natural. Entretanto, já apontamos o problema de um "novo direito natural" (o jusnaturalismo "de combate"): ele quer evitar o tipo fixo, abstrato, e princípios eternos, mas não consegue nem dar uma noção global de Direito, em que positividade e Justiça se entrosem, nem mostrar de que modo o processo histórico mesmo ganha um perfil *jurídico*. O inconveniente, aliás, vem de que tratam de dois direitos — o positivo e o natural — sem perguntar o que é Direito como noção que unifique esses tipos opostos, ou seja, não chegam à visão histórico-social do Direito, mas apenas à oposição histórico-social de dois direitos, que não sabem muito bem por que seriam *jurídicos*. Isso fica muito claro em Miaille quando se fala em "direito" natural de combate, pondo assim entre aspas a palavra Direito, como se não fosse um Direito propriamente dito e traindo um vestígio do "positivismo de esquerda" que só vê Direito — sem aspas — no direito *estatal*.

Em síntese, o próprio exame da problemática, na esfera ideológica, mostrou-nos que o direito positivo é insustentável sem um complemento, que o jurista vai buscar no direito natural — com todos os defeitos deste — porque não vê onde se busque outro apoio, nada obstante indispensável. Para realizar a *nova* construção seriam necessários outros materiais e, sobretudo, outra atitude, propriamente dialética, que, por sê-lo, não tolera aquela antinomia (contradição insolúvel) de direito positivo e natural, tomados como unidades isoladas, estanques e desligadas da totalidade jurídica, na totalidade maior, histórico-social.

Numa página célebre, a que já fizemos referência, João Mangabeira notava que o Direito existe antes do Estado, nas sociedades primitivas, e que, mesmo admitindo o desaparecimento do Estado, numa sociedade em que o governo das pessoas seja substituído pela administração das coisas e pela direção do processo de produção, o que desaparece é o Estado, não o Direito. Entretanto, se quisermos demonstrar o que este vem a ser, nessas transformações, da sociedade primitiva à sociedade futura, antes do Estado, perante o Estado e até depois do Estado, qual o fio da meada?

As ideologias jurídicas deram-nos, com seus reflexos distorcidos, uma visão dos problemas que surgem, quando o homem pensa, abstratamente, sobre o Direito; esses problemas, entretanto, constituem a imagem da realidade, da práxis humana (da atividade histórica e social do homem) no seu ângulo jurídico. O caminho para corrigir as distorções das ideologias começa no exame não do que o homem pensa sobre o Direito, mas do que juridicamente ele faz. Poderemos chegar, nisto, à dialética do Direito não já como simples repercussão mental na cabeça dos ideólogos, porém como fato social, ação concreta e constante de onde brota a repercussão mental.

A Sociologia Jurídica é a única base sólida para iniciarmos a nova reflexão, a nova Filosofia Jurídica, a fim de que esta última não se transforme num jogo de fantasmas ideológicos, perdendo nas nuvens o que vem da terra. As ideologias jurídicas são filosofia corrompida, infestada de crenças falsas e falsificada consciência do que é jurídico, pela intromissão de produtos forjados pelos dominadores. Para uma concepção dialética do Direito, teremos de rever, antes de tudo, a concepção dialética da sociedade, onde o Estado e o direito estatal são, a bem dizer, um elemento não desprezível, mas secundário.

É ali também que se há de precisar e desentortar a consideração do que, apesar de tudo, ficou bem claro, no exame das ideologias jurídicas e que consiste nas duas vertentes do Direito (não, como elas continuam a focalizar, os dois direitos opostos e separados): a positividade manifestada em conjuntos de normas (vários conjuntos, que conflitam e vêm de classes e grupos em luta), e os padrões de legitimidade, que nos permitem assumir posição, ante aqueles conjuntos, sem nos perdermos em alguma ideia de Justiça que voa nas nuvens, ou nos voltarmos para uma Justiça Social, ainda vaga, uma resultante do processo histórico (da luta de classes e grupos), que não sabe distinguir a face *jurídica* desse processo.

O primeiro passo rumo à concepção dialética do Direito será, desse modo, a Sociologia Jurídica. O filósofo alemão Erich Fechner falava na Filosofia Jurídica enquanto "Sociologia e metafísica do Direito". Para vencer a "metafísica" do Direito, que é ideologia também, vamos traçar o esboço de uma Sociologia Jurídica, que nada fique devendo, por outro lado, à "metafísica" da Sociedade (uma apresentação desta que utiliza "ideias abstratas e falsas crenças), mas, ao contrário, se funde numa ciência dos fatos sociais. Sociologia e Filosofia Jurídica se completam, pois, como assinala Marilena Chauí, inspirando-se em Merleau, não há razão para uma rivalidade entre filósofos e sociólogos, os primeiros considerando-se possuidores da verdade porque defensores da "ideia", e os segundos reivindicando para si a posse do verdadeiro, porque conhecedores do fato.

Essa rivalidade priva o filósofo do contato com o mundo (e entrega-o às ideologias) e priva o sociólogo da interpretação do sentido de sua investigação — o que conduz a sociologia a outros desvios, ideológicos também. A concepção dialética há de repensá-lo em totalidade e transformações, numa Filosofia Jurídica, que é Sociologia (e não sociologismo positivista — uma ideologia que já criticamos aqui) e antologia do Direito, no sentido que evocamos inicialmente com Lukács, e que nada tem de "metafísico". Para a visão dialética do Direito é necessária uma Sociologia dialética. No capítulo seguinte, procuraremos explicar em que consiste esta Sociologia.

IV

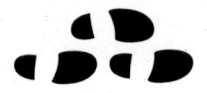

SOCIOLOGIA E DIREITO

Vimos que as ideologias refletem certas características do Direito, embora deformadas, porque tendem a polarizar-se em torno de duas visões unilaterais e redutoras. Os positivistas conservam a tendência a enxergar *todo* o Direito na ordem social estabelecida por classe e grupos dominantes, diretamente (com suas normas costumeiras) ou através das leis do Estado. Os jusnaturalistas insistem na necessidade de um critério de avaliação dessas mesmas normas, para medir-lhes a "Justiça" (isto é, a legitimidade da origem e conteúdo); entretanto, não conseguem determinar satisfatoriamente o padrão da medida.

Vimos, em seguida, que só um fôlego dialético poderia superar a oposição assim criada, entre o direito positivo castrador e o direito natural, que muitas vezes se limita a legitimar a ordem posta e imposta, por falta de um real e autêntico estalão crítico. A antítese ideológica (direito positivo— direito natural) só se dissolverá, como acentuamos, quando for buscado, *no processo histórico-social*, aquele estalão. Mas isso não importa em identificar, simplesmente, Direito e processo histórico e, sim, procurar nesse o aspecto peculiar da práxis *jurídica*, como algo que surge na vida social e fora dela não tem qualquer fundamento ou sentido.

Em síntese, colhemos na abordagem das ideologias certo material preliminar, que agora cumpre rever, sem distorções e entrosado na totalidade em movimento, onde se manifesta a procurada "essência" do fenômeno jurídico.

Não se trata, é claro, de recapitular, na sua imensa variedade, o Direito de todos os povos, um por um, através dos tempos — inclusive porque esse recorte nos daria uma série de retratos mais ou menos sugestivos, mas não o processo de formação, transformação e substituição de normas jurídicas, bem como dos critérios por que elas podem ser avaliadas, sem recurso a medidas ideais, prévias, fixas e eternas. A "essência" do Direito, para não se perder em especulações metafísicas, nem se dissolver num monte de pormenores irrelevantes, exige a mediação de uma perspectiva científica, em que os "retratos" históricos se ponham em movimento, seguindo o modelo geral da constituição de cada uma daquelas imagens. A História é um labirinto, onde nos perderemos, às voltas com fatos isolados, se não carregarmos uma bússola capaz de orientar-nos a respeito da posição de cada um deles na estrutura e no processo.

Contudo, entre a variedade dos fatos e o esquema condutor, também não podemos trocar a bússola por um mapa pré-fabricado, que deseje ver, em cada episódio, a confirmação fatal de um roteiro teórico. É por isso que Engels, já o lembramos, combatia os que se limitavam a submeter os fatos sociais a esquemas prévios e mecânicos, tachando-os de ignorantes e preguiçosos, por chegarem à História com uma pseudociência feita e acabada. Mas, por outro lado, nem Marx nem Engels jamais sustentaram que bastasse colher, ao acaso, fatinhos soltos, para, com isso, chegar à ciência visada. Eles, ao contrário, procuravam a conexão necessária de fatos *relevantes*, seguindo uma hipótese de trabalho. Essa, formulada ao contato dos processos sociais, num exame preliminar, era, depois, submetida a pacientes e constantes verificações metódicas.

Dessa forma, os modelos não passavam — nem deviam passar — de arranjos de uma primeira abordagem, depois conferidos e aperfeiçoados perante os fenômenos mesmos. Basta lembrar, por exemplo, como ilustração dessa troca (fenômenos — hipótese de trabalho — verificação ante os fenômenos — reajuste da hipótese), os tipos de modo de produção (comunidade primitiva — escravagismo — feudalismo — capitalismo — socialismo) *corrigido* pelo encontro do modo de produção asiático. Esse último emergia na investigação histórica, e Marx o registrou como tipo especial, embora até hoje alguns de seus discípulos o omitam, carregando os cinco outros como um fetiche dogmático, a que *tem* de ajustar-se tudo o que for encontrado, assim como *teriam* de chegar a um comunismo final, que é simples previsão (isto é, *outra* hipótese, nesse caso prefiguradora e também sujeita à prova histórica).

Naquele procedimento circular, que entra no ofício histórico trazendo hipóteses e modelos resultantes de exame anterior sobre o material acumulado, para submetê-los, depois, ao crivo de novas verificações, Marx e Engels faziam História Social, isto é, voltavam à História com a bússola de uma Sociologia. Não nos referimos, aqui, à Sociologia burguesa, tal como a concebeu Comte na "Física Social", mas à Sociologia Histórica, de que precisamente são precursores Marx e Engels, embora não usassem essa etiqueta. Porque é Sociologia a disciplina mediadora, que constrói, sobre o monte de fatos históricos, os modelos, que os arrumam (com a ressalva de emendas, ao novo contato com o processo).

A História registra o concreto-singular; a Sociologia o aborda na multiplicidade — generalizada em modelos, segundo os traços comuns. Assim, a análise da Revolução Francesa, em suas causas e peripécias, apresenta-se ao historiador que a reconstitui cientificamente. Mas, por outro lado, registrando o fenômeno de uma revolução em especial e para não se perder na massa informe de relevâncias e irrelevâncias, de dados importantes e insignificantes, o historiador há de empregar os modelos que a Sociologia ministra no exame coordenado das revoluções em geral.

Isso lhe permitirá, inclusive, mostrar que alguns episódios, cujos protagonistas chamam de revolução, na verdade não o são, como, por exemplo, no caso de uma "revolução" cujos propósitos e comportamento fossem manter e resguardar uma estrutura. Um golpe de Estado, de índole conservadora, não é uma revolução; é uma forma brusca de conservar. As abordagens histórica e sociológica são, portanto, complementares e se escoram reciprocamente. Por isso mesmo, toda História realmente científica (e não apenas crônica de fatos isolados ou biografias coordenadas de "homens ilustres") é História Social; e toda Sociologia realmente científica (e não apenas manipulação ideológica de "formas" ideais) é Sociologia Histórica (empenhada, sempre, em determinar a origem, os antecedentes das "formas" sociais, que não são desovadas no mundo por algum espírito criador ou líder excepcional, nem deduzidas pela inteligência "pura" de algum teórico de gênio).

Aplicando-se ao Direito uma abordagem sociológica será então possível esquematizar os pontos de integração do fenômeno jurídico na vida social, bem como perceber a sua peculiaridade distintiva, a sua "essência" verdadeira. Cabe, entretanto, uma ressalva aqui sobre duas maneiras de ver as relações entre Sociologia e Direito: a que origina uma *Sociologia Jurídica* e a que produz uma *Sociologia do Direito*. Estas duas expressões são comumente tomadas como sinônimas, porém a questão é mais séria do que um problema de rótulo. Elas constituem *abordagens diferentes*, apesar de interligadas, num intercâmbio constante. O fato é que resulta possível olhar o Direito, sociologicamente, sob mais de um ponto de vista; e está nesta possibilidade a diferença das abordagens citadas.

Falamos em *Sociologia do Direito*, enquanto se estuda a base social de *um* direito específico. Por exemplo, é Sociologia do Direito a análise da maneira por que o nosso direito estatal reflete a sociedade brasileira em suas linhas gerais (de poucas contradições e mínima flexibilidade, dado o sistema, ainda visceralmente autoritário, de pequenas "aberturas", controladas, como um queijo suíço, perpetuamente a enrijecer-se, no receio de que os ratinhos da oposição alarguem os buracos). Toda aquela velha estrutura então se desvenda como elemento condicionante, que pesa sobre o país, obstaculizando as remodelações, sob a pressão simultânea das classes e dos grupos nacionais dominantes e das correlações de forças internacionais, interessadas em que ao imperialismo não escape tão gordo quinhão.

Sociologia Jurídica, por outro lado, seria o exame do Direito em geral, como elemento do processo sociológico, em qualquer estrutura dada. Pertence à Sociologia Jurídica, por exemplo, o estudo do Direito como instrumento, ora de controle, ora de mudança, sociais; da pluralidade de ordens normativas, decorrentes da cisão básica em classes, com normas jurídicas diversas — no direito estatal e no direito dos espoliados, formando *conjuntos competitivos* de normas no contraste entre o direito dessas classes (até de grupos oprimidos, como vimos) e o que a ordem dominante pretende manter.

É claro, repetimos, que a Sociologia do Direito e a Sociologia Jurídica realizam uma espécie de intercâmbio permanente, mas é difícil admitir que sejam idênticas as duas tarefas científicas. Com base no que acima ficou assentado, quanto à diferença entre Sociologia e História, diríamos, inclusive, que a Sociologia do Direito (como estudo particular de "casos sociológicos") e, mais propriamente, o capítulo da História Social (História Social do Direito, no que a nós interessa aqui), e a Sociologia Jurídica é capítulo da Sociologia Geral, versando sobre o aspecto jurídico da vida em sociedade.

De qualquer forma, a Sociologia, Geral ou Jurídica, também não é uma disciplina unívoca (de um sentido ou direção apenas), já que, nessa ciência, há diferentes orientações, que correspondem ao posicionamento do cientista no processo histórico-social, em que ele é, simultaneamente, ator e observador. *Essa divisão*, notemos de passagem, é *apenas mais clara* nas ciências sociais, onde o homem também está mais diretamente empenhado; porém *ela existe* em *todas as ciências*, traduzindo interferências ideológicas a que nenhuma escapa.

Nas matemáticas, por exemplo, racionalismo, empirismo e operacionalismo defrontam-se, como diferentes concepções, produzindo diversos *resultados*, como é o caso da admissão ou negação da estrutura axiomática (proposições que parecem racionais, evidentes e eternas) desafiada pela dialética, segundo a qual já se vê o declínio dos "absolutos lógicos". Da mesma forma, há finalismos e vitalismos, que desafiam a concepção lógico-estatística dos fenômenos estudados pela Biologia, com a séria consequência *interna* de que defendem a existência de leis teleonômicas (agrupamento segundo um sentido ou finalidade), negadas, entretanto, pelos que discernem, nos fatos biológicos, apenas relações estatísticas, sem "finalidade" alguma.

A análise dos vínculos (e suas mediações), desde a situação do cientista (e sua quota de ideologia) até o padrão das doutrinas e teorias por tal situação afetadas é objetivo da Sociologia do Conhecimento, que constitui, sob certo aspecto, Sociologia ao quadrado. Partindo do fato de que o conhecimento — qualquer que seja o sentido — é sempre *obra social,* com participações individuais, a Sociologia do Conhecimento, cujas raízes mergulham na contribuição marxista, procura a razão e o *modo* de influência do engajamento, expresso ou implícito, do homem no "saber", inclusive sociológico, que ele produz.

Faz, por isso, a Sociologia da Sociologia também, isto é, uma Sociologia, como dissemos, ao quadrado. Já nos referimos, no capítulo sobre ideologias, à verdade-processo, isto é, à verdade que se desenvolve sem chegar nunca a um conhecimento absoluto e irretocável — o que não desmoraliza, nem invalida, as verdades relativas e possíveis a cada etapa, uma vez que, nelas, podemos optar, como observava Adam Schaff, pela que mais amplamente explica e compreende os fenômenos, e é, portanto, real e objetivamente, a que, à altura dada, se pode ver e proclamar com mais acerto.

Ademais, o avanço, a superação do ponto de vista dialético, não envolve o aniquilamento, mas a ultrapassagem que *conserva* os aspectos positivos e as conquistas de etapas anteriores. Sob tal ângulo, é muito instrutivo notar a *aplicação prática* desse princípio, demonstrando a sua eficácia, tal como faz Marx, n'*O Capital*, quando vai buscar a nova e mais completa focalização da mais-valia num roteiro que incorpora e transcende as teorias anteriores, de mercantilistas, fisiocratas, intuições de Adam Smith, colocações de Ricardo e assim por diante. Um saber definitivo, global e irretocável, e mistificação de ciência degenerada, que transfere o ardor religioso das revelações divinas, dos místicos, para a boca dos profetas de uma outra religião: o cientificismo. Esta põe no lugar da *Bíblia* a *Enciclopédia Britânica* (hoje, aliás, americana), trocando de edição à medida que os novos "teólogos" vão trocando de teoria.

É possível discernir, a esta altura, duas posições fundamentais, na Sociologia Geral — e, portanto, na Sociologia Jurídica —, ambas fortemente sobrecarregadas de elementos ideológicos. Um dos mais finamente matreiros dentre os sociólogos burgueses, Ralf Dahrendorf definiu aquelas posições como (a) Sociologia "da estabilidade harmonia e consenso" e (b) Sociologia "da mudança, conflito e coação". A primeira, diríamos nós, é a Sociologia do burguês mais franco; a segunda pertence à pequena burguesia que se dedica às tempestades num copo d'água (ou melhor: às "revoluções" num copo de uísque).

A Sociologia (a) da "estabilidade, harmonia e consenso" poderia resumir-se na forma seguinte. Em determinado espaço social — isto é, numa certa base geográfica onde se travam as relações sociais — uma variedade de grupos estabelece determinados padrões estáveis de relacionamento. Esse relacionamento é governado por normas escalonadas numa faixa de crescente intensidade. As normas — isto é, os padrões de conduta, exigível sob ameaça de sanções (os meios repressivos, que vão das sanções difusas — não-organizadas — às sanções organizadas — com órgão próprio e ritual específico de aplicação) — distribuem-se em usos (práticas consagradas pela mera repetição), costumes (práticas consagradas pela força da tradição ativa e militante, como *necessidade* coletiva e, portanto, obrigação indeclinável de todos), *folkways* (costumes peculiares que definem o "modo de ser" de um povo) e *mores* (o setor mais vigoroso dos costumes, julgados indispensáveis para a ordem social estabelecida e que, por isso mesmo, se resguardam com normas e sanções mais severas e mais bem organizadas).

O uso pode ser, por exemplo, vestir certo traje adequado a locais e ocasiões. Um costume pode ser, por exemplo, a deferência aos mais velhos; nos *folkways* pode estar, por exemplo, a valorização dos mais velhos (ou dos mais moços) como orientadores sábios (ou condutores vigorosos); nos *mores* residem, por exemplo, as relações de propriedade ou as formas de acesso ao poder e governo.

Está visto que no modelo (a), considerado aqui, todas essas normas pertencem a um só bloco, presumido consensual (isto é, que teria sido adotado pelo consentimento da coletividade). O arcabouço de normas fixa-se nas instituições sociais (armação estabilizada e sistemática das práticas normatizadas), formando um tipo de organização, cuja legitimidade é também presumida e que, por isso mesmo, se reserva os instrumentos de controle social, para evitar que a pirâmide se desconjunte e vá por terra. Esses meios materiais de controle revestem a ordem com sistemas de crenças (ideologias), consideradas válidas, úteis e eminentemente saudáveis e que são, por assim dizer, a "alma" das instituições estabelecidas, isto é, o "espírito" da ordem social, com a máscara de *cultura* do "povo".

Essa pretensão cultural da classe dominante identifica as suas conveniências e princípios com os da sociedade inteira, tal como, nas autocracias, eles se *encarnam* no Rei. Luiz XIV, é sabido, afirmava: "O Estado sou eu". Mais pitorescamente, o czar Paulo, da Rússia, depois de um porre giganteso, olhava a cara no espelho, ao despertar, e afirmava: "O *Império* amanheceu de ressaca...", assim como se os efeitos da bebedeira se comunicassem a todos os seus súditos.

Nesse contexto, qualquer tipo de mudança social é limitado e controlado; e os ataques de qualquer dissidência, considerados "aberrações" do comportamento, "patologias" de "subculturas", que se apresentam como "problema", a ser resolvido pela "reeducação" ou, sendo esta ineficaz, na porrada mesmo. Esta se "justifica" pela "cultura"; é "exigida" pela "defesa das instituições" e exercida pelo "direito", que, nesse caso, é visto apenas como a parte mais atuante e violenta dos *mores* repressivos (atribuídos ao "povo" e, na verdade, ligados à classe e grupos dominantes). *Está aí a raiz social dos positivismos jurídicos.* Eles divinizam a ordem e fazem do jurista o servidor cego e submisso de toda e qualquer lei. A OAB no seu projeto de reforma do ensino jurídico definiu bem o positivismo como uma das "pragas universitárias nacionais".

Para destacar melhor toda a construção do modelo (a), desta sociologia "da estabilidade, harmonia e consenso", vejamos como ela se apresenta num esquema e à luz das explicações dadas.

O que é direito 67

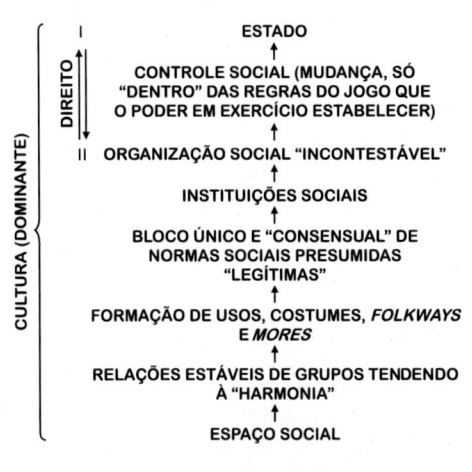

```
                    I        ESTADO
                              ↑
         ┌─┐        CONTROLE SOCIAL (MUDANÇA, SÓ
         │D│        "DENTRO" DAS REGRAS DO JOGO QUE
         │I│        O PODER EM EXERCÍCIO ESTABELECER)
         │R│                  ↑
         │E│   II   ORGANIZAÇÃO SOCIAL "INCONTESTÁVEL"
         │I│                  ↑
         │T│        INSTITUIÇÕES SOCIAIS
         │O│                  ↑
         └─┘        BLOCO ÚNICO E "CONSENSUAL" DE
                    NORMAS SOCIAIS PRESUMIDAS
                         "LEGÍTIMAS"
                              ↑
                    FORMAÇÃO DE USOS, COSTUMES, FOLKWAYS
                              E MORES
                              ↑
                    RELAÇÕES ESTÁVEIS DE GRUPOS TENDENDO
                           À "HARMONIA"
                              ↑
                         ESPAÇO SOCIAL
```

ESQUEMA A

Está visto que aqui se *omitem* (não à toa) a *base* socioeconômica, *as classes* radicalmente contrapostas (espoliada e espoliadora), a existência de *grupos oprimidos*, a *contestação válida*, as *normas de espoliados* e *oprimidos: seus Direitos;* e o reduzido "direito" fica oscilando entre as posições I e II: normalmente, nas leis e costumes consagrados pelo Estado (enquanto este é o lugar social do controle exercido pela classe e pelos grupos dominantes); mas, excepcionalmente, se a classe e os grupos dominantes receiam que os seus *representantes* no poder estejam muito débeis ou sensíveis à "reforma de base", o sistema "reassume", diretamente, invocando um direito supralegal, isto é, as normas "supremas" da organização social estabelecida, até contra a lei maior, que é a Constituição. Obtido o "equilíbrio", tornam a função vigilante restabelecendo-se um *novo* esquema legislativo: o direito positivo "intocável" *depois* do remanejamento que o enrijeceu.

Por outro lado, também não aparece nessa Sociologia o influxo externo, a presença de forças estabilizadoras (da ordem conveniente) ou desestabilizadoras (de qualquer ordem mais aberta à mudança, mais flexível e porosa), de acordo com os interesses imperialistas da "área de influência". Recentemente, um órgão conservador imprimia a advertência de que "a autodeterminação dos povos tem limites..." e que o sistema continental (isto é, os Estados Unidos) "não poderia tolerar" qualquer irrupção socialista ali bem pertinho de seu dedão do pé geográfico. Tudo isso recobre mais fundos interesses econômicos: as semicolônias (colônias disfarçadas por soberanias de fachada) "não devem" escapar à metrópole.

O segundo modelo, isto é, a Sociologia (b) "da mudança, conflito e coação" representa uma espécie de negativo fotográfico do modelo anterior (a). Enquanto este último é centrípeto, aquele outro é centrífugo — mas centrífugo com as *mesmas* lacunas e escamoteações (um sumiço disfarçado e engenhoso de elementos essenciais), de tal sorte que, em vez de dilatar a estrutura conservadora, é por ela *absorvido*, como veremos, sem maior dano para a dominação.

Segundo o modelo (b), o espaço social é ocupado por uma série de grupos em conflito, em relação cuja instabilidade decorre de séries múltiplas de costumes, *folkways* e *mores* divergentes e competitivos, tornando precário e de legitimidade muito discutível o bloco dominante de normas, sobretudo porque as "subculturas" engendram contra-instituições.

Essas são animadas por verdadeiro ímpeto *contracultural*, inassimilável à cultura dominante. Consequentemente, a organização social estabelecida tem de haver-se com ataques constantes de anomia (contestação das normas impostas pela ordem prevalecente), que reivindica mudança, em padrões de comportamento abertamente desafiador e também instituído, em setores mais ou menos amplos da sociedade não "oficial". Tal análise força a ordem estabelecida a desmascarar-se como nua coação, mas, já veremos, não conduz os "desafios" à *raiz* espoliativa do poder classístico, nem à *ligação* deste com a opressão de grupos.

O modelo (a) é muito favorecido pelas condições de vitalidade e equilíbrio da estrutura: queremos dizer, assim, que ele medra, nas ideologias sociológicas, desde que peculiares condições de crise (contradições aguçadas, decadência do sistema) *ainda não* tenham precipitado a conscientização, à maneira de Hamlet, na tragédia de Shakespeare, de que "há algo de podre no reino da Dinamarca" (ou em qualquer outro reino). Não à toa, o modelo (a) surge como o mais antigo na Sociologia burguesa. Esta nasceu, como se sabe, na crista do capitalismo recém-chegado ao poder. Foi uma espécie de digestão científica dos princípios sociais que à burguesia convêm e que na sociedade ela firmara com pretensões à eterna duração.

A época de Comte (reputado fundador da ciência sociológica) era o marxismo em elaboração, e não a "física social" comteana, que preparava o amadurecimento da Sociologia como ciência e fazia estudo sociológico, embora sem adotar o *rótulo* especial. Está visto que o marxismo — permanecendo como a grande influência sobre o pensamento sociológico mais avançado, embora não fechado, irretocável e dogmático, como desejava o sectarismo de alguns — não pertence ao modelo (a) nem ao (b).

A contribuição autêntica do marxismo não-dogmático (nem os seus criadores o desejavam como tal) vai introduzir-se num terceiro modelo, que *começa* a despontar na fase atual quando, já o dissemos em outro escrito, o marxismo ultrapassa a "fase católica" (com papas infalíveis, dogmas, igreja e igrejinhas, Santo Ofício, *index* de livros e ideias proibidas e até a Inquisição). Os próprios marxistas, hoje, tendem ao "protestantismo" e não ao "catolicismo" (isto é, querem ler e interpretar a *Bíblia* sem tutores, distribuem-se em diferentes seitas, interpretam livremente as "escrituras", emendam, avançam e, nisso, se mantêm mais fiéis ao "espírito" da construção marxiana — que é de livre exame — do que os "teólogos" presos aos textos, às vezes expurgados).

O modelo (b) ainda é burguês: apenas, pequeno-burguês. Foi o agravamento da crise social do capitalismo que *mostrou* as rachaduras no edifício (a) de "consenso" e "estabilidade" mitológicos. Mas, nessa outra visão (b), tanto quanto na (a), são *igualmente* escamoteados elementos essenciais, que a análise marxista já estabelecera, à margem da ciência sociológica das universidades tradicionais e seus pequenos grupos de contestação inconsequente. O modelo (a) é, em síntese, a resposta triunfalista da burguesia assente, antes de se precipitar na crise de que não pode mais sair.

O modelo (b) traduz apenas a inquietação de superfície da pequena burguesia e pode exprimir-se, num gráfico *paralelo* ao do outro modelo, mais ou menos desta forma:

ESQUEMA B

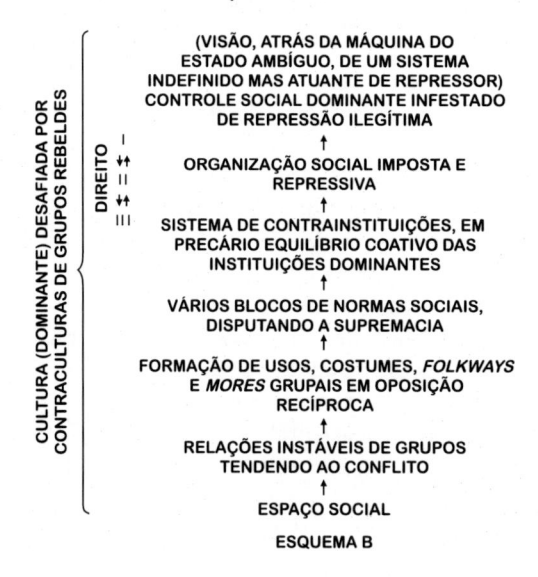

CULTURA (DOMINANTE) DESAFIADA POR CONTRACULTURAS DE GRUPOS REBELDES

DIREITO
- I
- II
- III

(VISÃO, ATRÁS DA MÁQUINA DO ESTADO AMBÍGUO, DE UM SISTEMA INDEFINIDO MAS ATUANTE DE REPRESSOR)
CONTROLE SOCIAL DOMINANTE INFESTADO DE REPRESSÃO ILEGÍTIMA
↑
ORGANIZAÇÃO SOCIAL IMPOSTA E REPRESSIVA
↑
SISTEMA DE CONTRAINSTITUIÇÕES, EM PRECÁRIO EQUILÍBRIO COATIVO DAS INSTITUIÇÕES DOMINANTES
↑
VÁRIOS BLOCOS DE NORMAS SOCIAIS, DISPUTANDO A SUPREMACIA
↑
FORMAÇÃO DE USOS, COSTUMES, *FOLKWAYS* E *MORES* GRUPAIS EM OPOSIÇÃO RECÍPROCA
↑
RELAÇÕES INSTÁVEIS DE GRUPOS TENDENDO AO CONFLITO
↑
ESPAÇO SOCIAL

Nesse panorama, o Direito perde a nitidez positivista do modelo (a), ganhando um difuso colorido jusnaturalista, dada a insistente reivindicação de direitos opostos, de grupos contrários à *law and order* (a lei e a ordem) do *establishment* (o "sistema" dominante). Assim, haveria (b. I) um direito estatal, assentando num direito da organização social (b. II) e um outro direito, expresso nas contrainstituições (b. III). Mas, tal como no jusnaturalismo, os padrões de crítica e avaliação das normas dominantes continuam muito vagos e, assim como os tipos tradicionais falavam em uma certa ordem "justa", meio nebulosa, a contestação do modelo (b) fala em certa liberdade anárquica dos grupos, de timbre individualista, cada um procurando "a sua", que pode escandalizar o burguesão "quadrado", mas é logo absorvida e manipulada pelos mais espertos.

Com uma das mãos, a classe e o grupo dominantes reprimem, um tanto contraditoriamente; mas, com a outra, chegam a tolerar e até (disfarçadamente) estimular a contestação desbundada. As grandes organizações econômicas inclusive faturam sobre tais curtições barulhentas, multicores, mas inofensivas (à dominação fundamental). Não estamos aqui patrulhando as curtições de ninguém; achamos até *legítimo* curtir; mas é preciso não confundir isso com um tipo consequente e eficaz de contestação.

O que há de *comum* nos modelos (a) e (b) é a tentativa consciente ou inconsciente de afastar o aprofundamento dialético: o modelo (a) esconde a evidência da espoliação e opressão; o modelo (b) omite ou despreza a espoliação, fala muito em opressão, mas opõe a ela um circo, em lugar de um programa coerente de ação e objetivos nítidos de reorganização social (a começar pelo fato de que a reorganização pressupõe a ideia de ordenação, a que é rebelde o individualismo anarquista, estéril e, afinal, tendente a ressacas conformistas, depois dos porres de agitação sem objetivo. É um niilismo coreográfico e tecnicolor, que não incomoda mais o poder dominante do que o bicho-de-pé do matuto: dá até uma coceirinha voluptuosa).

A inquietação pequeno-burguesa de superfície não conduz a nada. Mais: ela *contribui* para aquele domínio burguês, dissolvendo os mais agudos instrumentos conceituais que a dialética movimenta; assim, *reforça* a operação ideológica de *desatar* a noção de classe das contradições e oposições geradas pelo modo de produção capitalista. *Por isso,* é assimilável aos padrões tradicionais. O sociólogo alemão

Weber disfarçava a ideia de luta de classes, lisonjeando a estrutura capitalista com uma suposta expansão crescente da "classe aquisitiva" (aburguesada). O seu astuto patrício atual, Dahrendorf, diante da crise que desmente esse "otimismo" weberiano, volta à ideia de que um neocapitalismo bonzinho houvesse desfeito o conflito radical, adornando isso com a aceitação "liberal" do modelo (b), que é *precisamente* o tipo da "contestação" sem dentes. Assim, leva a vantagem de "explicar" a crise pelo que menos importa, e sem reconduzi-la ao condicionamento básico (vindo do modo de produção). Dá, portanto, um ar de "tolerância" ao mesmo esquema estabelecido. O modelo (b) não cancela o modelo (a) — e, por isso mesmo, Dahrendorf sugere que sejam empregados, pelo sociólogo, os dois.

A incorporação do modelo (b) pelo modelo (a) tem todas as largas facilidades inerentes ao superficialismo do tipo de "contestação" mais farrista do que autêntico. Assim, os sociólogos conservadores, na aparência de modernidade, não têm o receio de cravar mais esse prego na ferradura do seu cavalo de batalha teórico: ele dá às cavalgadas de classes e grupos dominantes, junto com o rei, príncipes e duques, um alegre colorido de bobos da corte. Se, por momentos, o mau humor do poder os chicoteia, prende ou expulsa, em outras horas eles até são bem-vindos para quebrar o tédio da corte e a monotonia das bajulações dos cortesãos. Por outro lado, absorvendo, teoricamente, o modelo (b), os sociólogos burgueses mais lúcidos procuraram mostrar-se "na onda", "por dentro", "gente boa", sem maiores riscos de vez que põem no traje negro da direita umas lantejoulas emprestadas pela esquerda que late, mas não morde.

Esses dois modelos (a) e (b) não poderiam servir, evidentemente, à visão social dialética, nem, por via de consequência, à análise da dialética social do Direito. Entretanto, aqui poderemos ver, de novo, como as ideologias mesmas (no caso as sociológicas) emprestam à abordagem mais exata elementos que souberam registrar, embora com deformações. Substancialmente, nos apelos centrípeto (modelo a) e centrífugo (modelo b), há uma parte da verdade. Nenhuma estrutura social jamais se formaria sem alguma força de coesão — e estamos vendo aí que elas se formam e atuam até com o mais sufocante vigor. Portanto, o modelo (a), compendiando a visão conservadora, demonstra um ponto real da aglutinação: existe uma ordem na estrutura social; o que falta, na escamoteação burguesa, é mostrar *de onde vem* tal ordem e *para que* ela se impõe.

A legitimidade *(presumida)* é, evidentemente, um mito e o modelo (b) se encarrega de quebrar a solenidade do poder com algumas vaias. Por mais inconsequentes que sejam tais "apelações", elas resultam igualmente sintomáticas — isto é, apontam dois outros aspectos reais: o questionamento da legitimidade e a presença de *várias* ordens ou séries de normas, em contrainstituições e contracultura, que denunciam as situações opressivo-repressivas. Não chegam, porém, a levá-las à raiz da espoliação básica, mergulhada nos fundamentos da sociedade, com ramificações que atingem o núcleo da cisão de classes privilegiadas e desprotegidas, a partir de um modo de produção em que elas se formaram.

Por outro lado, vimos também que o problema social e seu aspecto jurídico não se limitam ao modo de produção, isto é, como assinalamos com Miaille, pode haver opressões *não* diretamente derivadas do modo de produção, nem corrigidas *apenas* com a sua troca. Sobre isso, citamos, logo no início de nossa exposição, as observações muito lúcidas de Marilena Chauí sobre a utopia (ilusão) de se pensar que, mudando o modo de produção, toda a questão social (e também jurídica) está resolvida.

A tarefa a realizar, numa visão da dialética social do Direito, exige, portanto, que se delineie, ainda que toscamente (para aperfeiçoamento constante), um *modelo* sociológico dialético. É o que vamos ensaiar, nesta investigação metódica, por etapas, da "essência" do Direito, quando chegarmos ao capítulo final do nosso itinerário. Vamos edificando, com andaimes, a nossa reconstrução; ao cabo, eles serão afastados, para exibir a construção, no termo da jornada (e, em tal empreendimento dificílimo, um pouco já é bastante). Está visto que "termo" significará o ponto final *desta obra*, e não a ideia presunçosa de que se oferece aqui a "essência" do Direito, para não haver mais o que tirar nem pôr em tal abordagem. Se, ao menos, avançamos um tanto, se dissipamos, em trânsito, certos equívocos — a que aludíamos no primeiro parágrafo deste livro — já não foi de todo inútil o esforço.

O Direito, afinal buscado, não "é" as normas em que se pretende vazá-lo (não confundamos o biscoito e a embalagem, pois, em tal caso, como o positivismo, acabaríamos comendo a lata, como se fosse a bolacha, e tirando estranhas conclusões sobre o sabor, consistência e ingredientes de tal produto). Aliás, não existe uma diferença nítida entre as *normas* jurídicas e morais, porque todas as características distintivas apresentadas se revelam imprecisas (isto é, tanto aparecem nas normas jurídicas, quanto nas morais). Não há, porém, espaço aqui para desenvolver esse ponto, que temos focalizado em outros escritos nossos. O importante é notar que Direito e Moral distinguem-se pelo que são, independentemente das normas em que se exprimem e cuja *forma* é bem semelhante: há códigos morais; há Direito fora das leis (por exemplo, os chamados "Códigos de Ética" ou o Direito Internacional).

A DIALÉTICA SOCIAL DO DIREITO

Temos de começar numa órbita muito dilatada, porque nenhuma sociedade vive completa e eternamente no isolamento. Hoje em dia, aliás, dá-se o contrário: com a rapidez do sistema de transportes e de comunicação à distância, o contato é imediato e universal. Não são apenas os jogos de futebol que nos chegam, ao vivo ou enlatados, pela TV, mas toda uma série de imagens significativas geradas no estrangeiro, trazendo, inclusive, os produtos ideológicos. As nações, politicamente organizadas e tendo à sua disposição a necessária tecnologia, projetam-se além das fronteiras, com a sua mensagem, que vem a desempenhar um papel importante no encadeamento dos fatos sociais. E tal mensagem tanto pode ser boa quanto má.

Dessa maneira é que os imperialistas revigoram a sua presença, moldando "cultura" (e faturando *royalties*, ao mesmo tempo), assim como os povos libertados ou em vias de libertação procuram dar alento às forças progressistas, inspirá-las e nelas influir positivamente. Por isso mesmo, o imperialismo, externamente, procura "fechar os canais" e, internamente, se desencadeiam os mecanismos da censura. As dominações modernas, daquém e dalém fronteiras, é que nos visitam em casa, sem bater à porta, aparecendo no vídeo, que por isso mesmo controlam, com a vigilância de um Falcão.

Esse *background* penetrante inscreve-se na dinâmica das estruturas nacionais, porém sua raiz está fora.

Existe uma sociedade internacional e, também nela, uma dialética. Sua estrutura modela-se, ademais, conforme a própria infraestrutura socioeconômica, cindida nas dominações imperialistas e nas lutas de libertação nacional dos povos colonizados e semicolonizados. É a partir desse núcleo que se recortam as "áreas de influência", com as suas vizinhanças intrometidas.

A sociedade internacional desenvolve, igualmente, as superestruturas peculiares, onde repercute a correlação de forças e ecoa a divisão dos "mundos" (capitalista, socialista, "não-alinhado", terceiro mundo). Desde logo se note, é claro, que tal superestrutura não está livre de contradições, assim como não estão os Estados, internamente, na dialética de poder e contestação, de acomodações e confrontações. A infraestrutura internacional é, entretanto, diferente, pois ela se caracteriza pela coexistência, pacífica ou violenta, de modos de produção distintos, ainda mais complicada pelo desigual nível das unidades, desenvolvidas ou em via de desenvolvimento.

Por outro lado, as instituições de âmbito internacional, como as internas, distribuem-se em veículos oficiais e marginais (contra-instituições), que se articulam, entre povos oprimidos, a fim de pressionarem o mecanismo perro das outras, em função de reivindicações comuns dos que ficam por fora ou por baixo.

Dentro desse panorama é que surgem as sociedades individualmente consideradas e sujeitas à penetrante interferência do sistema externo.

As sociedades nacionais têm, é claro, o seu único e próprio modo de produção: a sua infraestrutura é homogênea, e, em consequência dela, as classes se dividem (já que não estamos aqui considerando as comunidades primitivas). Assim é que aparecem o domínio classista e as divisões grupais. Mantemos a distinção, explicada em outro capítulo, para marcar a diferença do posicionamento de grupos — como os grupos étnicos, religiosos, sexuais — de bastante importância na dialética do Direito e não diretamente ligados à oposição socioeconômica e jurídica das classes — que, por outro lado e como veremos, *continuam* a digladiar-se, mesmo nas sociedades socialistas já implantadas.

A luta de classes e grupos, que cinde o bloco demográfico (da população), as oposições de espoliados e espoliadores, de oprimidos e opressores, movimenta a dialética social e, nela, a vertente jurídica, incompreensível e inexplicável fora desse contexto. O socialismo, é claro, envolve, *em princípio*, a superação dos conflitos radicais, mas entre esse compromisso e a realidade dos sistemas socialistas já implantados há, *de fato*, um grande fosso, mostrando que nem tudo se encaminha, sem tropeços, para aquele desiderato assim formulado por Bloch: o "avanço da construção socialista, dentro de um quadro de solidariedade" (aliás, na situação presente, a palavra "solidariedade" ganha um matiz irônico).

Sobre a dupla base interpenetrante das infraestruturas internacional e nacional é que se armam os aspectos derivados e superestruturais — de um lado, estabelecendo a coesão, e, de outro, a dispersão. Se uma sociedade não tivesse o mínimo de força centrípeta para garantir a própria coesão explodiria como bola de borracha, soprada pela anarquia; se, por outro lado, não revelasse um coeficiente de forças centrífugas seria (como, iludidos, sempre esperam os donos do poder) uma estrutura inalterável e eternamente impeditiva de qualquer mudança verdadeira. Daí as visões centrípeta e centrífuga, notadas nos esquemas A e B (capitulo 4), que, entretanto, *sonegam* a dupla base, já referida, sem a qual não se explica em função *de que* a estabilidade e a mudança constantemente se defrontam e conflitam, com maior ou menor intensidade (isto é, conforme se trate da estrutura jovem e ascendente ou de estrutura caduca, trocando esta em ranzinzice e prepotência o que lhe falta em energia progressista e criativa).

Ponhamos, então, num ramo, as forças centrípetas. Travam-se as relações sociais, dentro do modelo infraestrutural; essas relações adquirem certa uniformidade, e a classe e grupos dominantes exprimem-nas em usos, costumes, *folkways* e *mores* (que já aparecem no esquema A): eles constituem os veículos da dominação e se entrosam nas instituições sociais, invocando princípios ideológicos. Tais princípios integram o mesmo domínio, sob o rótulo de "cultura", como se aquilo fosse a legítima e harmoniosa compilação do que sente e deseja todo o povo. Na verdade, este último pode ser iludido pela ideologia, mas, como já dizia Lincoln, engana-se uma parte do povo todo o tempo; todo o povo uma parte do tempo; nunca, porém, todo o povo todo o tempo.

O conjunto das instituições e a ideologia que a pretende legitimar (a ideologia da classe e grupos dominantes) padronizam-se numa organização social, que se garante com instrumentos de controle social: o controle é a central de operações das normas dinamizadas, dentro do ramo centrípeto, a fim de combater a dispersão, que desconjuntaria a sociedade e comprometeria a "segurança" da dominação. Nesse ramo, é evidente, só se pode falar em mudança social amarrada, pois o sistema de controle apenas "absorve" a quota de mudança que não lhe altere a organização posta e imposta, e, por isso, dita normativamente, até as "regras de jogo" da mudança. Como vimos, ao menor risco de se acentuar um desvio, mesmo *dentro* das regras, o poder enrijece o controle alarmado ou o sistema subjacente "demite" o seu débil representante para colocar um outro, mais enérgico, na direção.

Vejamos, agora, o ramo centrífugo. As cristalizações de normas das classes e grupos espoliados e oprimidos produzem as instituições próprias, cuja presença na estrutura é fator de maior ou menor desorganização social, envolvendo a atividade anômica (a contestação das normas do ramo dominante), seja espontânea (sem maior coesão e ordem de militança), seja organizadamente (ao revés, com grupos adestrados e coesos, estratégia e tática bem articuladas).

Essa atividade contestadora pode ser de dois tipos: reformista (isto é, visando reabsorver-se no ramo centrípeto, que se acomode para recebê-la, sem mudar a estrutura global) ou revolucionário (visando remodelar toda a estrutura, a partir das bases). A ação, reformista ou revolucionária, não é, necessariamente, pacífica ou violenta. Há meras reformas que desencadeiam luta sangrenta; há totais revoluções que preconizam, ao contrário, os meios incruentos (sem derramamento de sangue) e não-ditatoriais. Exemplo das primeiras é, entre nós, a Guerra dos Farrapos. Exemplo da segunda é a estratégia do socialismo democrático.

O perigo desta última, evidentemente, é a acomodação que dissolve os próprios objetivos revolucionários. A expressão socialismo democrático é, aliás, muito ambígua. Nós não a empregamos senão com a advertência de que, nela, se procura designar uma superação, evitando quer os desvios aburguesados quer os congelamentos ditatoriais. Dessa maneira é que ela se revigorou, no panorama atual, com a rejeição do "socialismo" bem comportado e "confiável" (que a burguesia absorve) e também dos "socialismos" burocrático-repressivos de cúpula (que prevalecem nas repúblicas onde o trabalhador não tenha, efetivamente, canais de participação no governo e defesa eficazes contra os burocratas). O socialismo democrático, portanto, vai, hoje, ganhando o sentido da procura de uma "alternativa" perante o capitalismo espoliativo e o socialismo gorado.

As explicações até agora oferecidas permitem-nos, assim, resumir a visão social dialética num esquema diferente das focalizações A e B, já criticadas.

Notará o leitor que foram inseridos, além dos elementos já mencionados, os algarismos romanos I a IX, que assinalam os pontos onde surge o aspecto jurídico. Esses pontos vão servir-nos para deduzir a "essência" do Direito, sem partir de nuvens metafísicas ou da amputação de um ou outro aspecto, por simples capricho ideológico. Por isso mesmo, estamos empregando a palavra Direito em sentido (aliás, pluralidade aparente de sentidos) apenas nominal e nas suas ligações com o processo sociológico (única fonte onde podemos ir buscar uma visão nem idealista nem mutilada do Direito mesmo). Queremos dizer, com isso, que aparecerão assim todos os ângulos do Direito, focalizados por sociólogos, antropólogos, historiadores, e não somente este ou aquele ângulo privilegia-

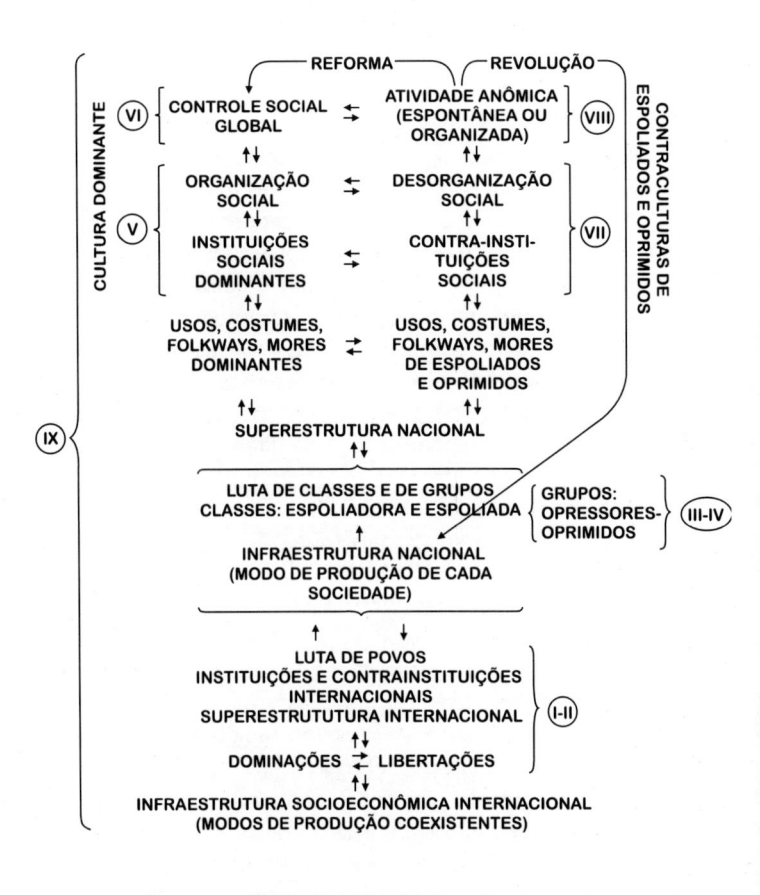

```
                          ┌─ REFORMA ─┐┌─ REVOLUÇÃO ─┐
          ┌    (VI) CONTROLE SOCIAL  ⇄  ATIVIDADE ANÔMICA  (VIII)
          │         GLOBAL              (ESPONTÂNEA OU
          │            ↑↓               ORGANIZADA)
          │                                 ↑↓
CULTURA   │    (V)  ORGANIZAÇÃO       ⇄  DESORGANIZAÇÃO
DOMINANTE │         SOCIAL               SOCIAL
          │            ↑↓                   ↑↓
          │         INSTITUIÇÕES       ⇄  CONTRA-INSTI-      (VII)
          │         SOCIAIS              TUIÇÕES
          │         DOMINANTES           SOCIAIS
          │            ↑↓                   ↑↓
          │         USOS, COSTUMES,      USOS, COSTUMES,
          │         FOLKWAYS, MORES  ⇄  FOLKWAYS, MORES
          │         DOMINANTES           DE ESPOLIADOS
          │                              E OPRIMIDOS
          │            ↑↓                   ↑↓
 (IX)  ───┤         SUPERESTRUTURA NACIONAL
          │                 ↑↓
          │         LUTA DE CLASSES E DE GRUPOS     GRUPOS:
          │         CLASSES: ESPOLIADORA E ESPOLIADA  OPRESSORES-  (III-IV)
          │                 ↑                        OPRIMIDOS
          │         INFRAESTRUTURA NACIONAL
          │         (MODO DE PRODUÇÃO DE CADA SOCIEDADE)
          │                 ↑
          │         LUTA DE POVOS
          │         INSTITUIÇÕES E CONTRAINSTITUIÇÕES
          │         INTERNACIONAIS                      (I-II)
          │         SUPERESTRUTURA INTERNACIONAL
          │                 ↑↓
          │         DOMINAÇÕES ⇄ LIBERTAÇÕES
          │                 ↑↓
          └         INFRAESTRUTURA SOCIOECONÔMICA INTERNACIONAL
                    (MODOS DE PRODUÇÃO COEXISTENTES)
```

ESQUEMA C (MODELO DIALÉTICO)

do pelo preconceito de uma ou de outra corrente e especialidade. Vários autores tomam ora um ora outro daqueles pontos como base, e, assim, produzem obviamente definições diversas e inconciliáveis. Falta-lhes a abordagem global.

Encaminhando as nossas conclusões sobre a "essência" do Direito, enquanto parte da dialética social, demarquemos, especialmente, cada um dos nove pontos assinalados.

I — O Direito não se limita ao aspecto interno do processo histórico. Ele tem raiz internacional, pois é nessa perspectiva que se definem os padrões de atualização jurídica, segundo os critérios mais avançados. Veremos isso no ponto IX. Mas, desde logo, cumpre acentuar que a correta visão jurídica não pode fazer caso omisso das instituições internacionais sob a alegação de que o Direito Internacional "não é jurídico", porque as "soberanias" dos diferentes países não toleram repercussões internas senão quando "aderem" aos pactos internacionais. O princípio de autodeterminação dos povos e as soberanias nacionais (que, aliás, o imperialismo a todo instante ofende escandalosamente) não impedem a atuação, até, das sanções internacionais, na hipótese das mais graves violações do Direito.

II — A verdade, entretanto, é que o direito entre nações luta para não ficar preso ao sistema de forças dominantes, e em que pesem as felizes contradições a sua forma interestatal (entre Estados) reproduz, no ângulo externo, a obstrução que veremos no ponto VI, quanto ao direito estatal. Daí a expressão jurídica paralela em uma dialética estabelecida pelos povos oprimidos e espoliados. Exemplo disso é o conjunto de princípios *jurídicos*, consagrados na carta de Argel (1977), em que os povos oprimidos formularam a sua quota de direitos postergados.

III–IV — Afora as comunidades primitivas, de que não estamos cuidando aqui (como já foi advertido), cada sociedade, em particular, *no instante mesmo* em *que estabelece o seu modo de produção,* inaugura, com cisão em classes, uma *dialética, jurídica* também, já que, por exemplo, o estabelecimento da propriedade privada dos meios de produção espolia o trabalhador, cujos *direitos* então contradizem o "direito" ali radicado da burguesia capitalista. A oposição começa na infraestrutura.

Mesmo numa sociedade socialista não são suprimidos os problemas do conflito de direitos. Ali subsistem *classes* (socialismo não é comunismo, para o qual certas repúblicas do socialismo autoritário dizem estar em trânsito, embora não apresentem, há muito, o menor passo nesta direção). Não ficam eliminados a problemática de classe nem os limites *jurídicos* em que um regime socialista há de conter os processos de construção, para não desnaturar o próprio socialismo.

De qualquer maneira, em sistema capitalista ou socialista, a questão classista não esgota a problemática do Direito: permanecem aspectos de opressão dos grupos, cujos Direitos Humanos são postergados por normas, inclusive legais. Já citamos a questão das raças, da religião, do sexo — que hoje preocupam os juristas do marxismo não-dogmático.

Quando falamos em Direito e Antidireito, obviamente não nos referimos a duas entidades abstratas e, sim, ao processo dialético do Direito, em que as suas negações, objetivadas em normas, constituem um elo do processo mesmo e abrem campo à síntese, à superação, no itinerário progressivo. O grande equívoco dos jusnaturalistas é, precisamente, oscilar entre a rendição ao "direito positivo" (a título de "particularização" dos preceitos "naturais") e a oposição irresolúvel entre "direito natural" e "direito positivo", como se fossem duas coisas separadas: o Direito (que eles não conseguem fundamentar, pois arrancam esse "ideal" para fora do processo) e a multiplicidade dos conjuntos de normas jurídicas (que não sabem ver como parte do processo de realização dialética do Direito).

V — A organização social, que padroniza o conjunto de instituições dominantes, adquire também um perfil jurídico, na medida em que apresente um arranjo legítimo ou ilegítimo, espoliativo, opressor, esmagando direitos de classes e grupos dominados. É assim que se insere o problema jurídico *do sistema*, a questão da legitimidade ou da ilegitimidade global da estrutura. Não basta para resolvê-la o simples fato de um *status quo* (a existência nua e crua da dominação), como não basta igualmente o tipo de "consenso" presumido, que se baseia na passividade das massas (intoxicadas pela ideologia e sempre "consultadas" com restrições — isto é, dentro de leis "eleitoreiras", que não permitem o despertar da "consciência possível", libertadora: exclusão de pessoas e correntes de opinião do pleito, restrições à propaganda, nos veículos de comunicações de massas e toda a casuística dos estrategistas da reação).

A passividade das massas não legitima, por si só, uma organização social, assim como o estabelecimento de uma legalidade não importa, por si só, na legitimidade do poder. Caso contrário, teríamos de afirmar que o nazi-fascismo e os regimes semelhantes — como os de Franco, Salazar e quejandos — eram "legítimos", enquanto viveram e se "aguentaram" no poder; ou, da mesma forma, que as ditaduras subsistentes são "legítimas", somente porque ainda se "aguentam", a ferro e a fogo. Por outro lado, para que as garantias formais da consulta ao povo sejam legitimadoras, é preciso *não* só que se façam sem as restrições capciosas de leis cheias de manhas, *como também que permitam o trabalho de conscientização popular, pelos líderes progressistas,* sem restrições de pessoas e correntes, no acesso livre aos meios de comunicação e organização de massas. Isso é uma questão jurídica também.

De toda sorte, a garantia democrática é parte do problema da realização do Direito, e não basta substituir a disciplina legal da propriedade para chegar ao socialismo autêntico: resta saber que *posição real* têm as classes na determinação do sistema, em que medida os trabalhadores *efetivamente* comandam o processo e que canais políticos ficam abertos para evitar o enrijecimento do Estado e o domínio burocrático-policial da estrutura por um conjunto de agentes repressores. Isso já preocupava Lênin quando redigiu as "Instruções de 1922" a respeito da "organização multiforme das massas", para "controle sobre os aparelhos do Estado e sobre os próprios comunistas". A consequência de se desprezar essa problemática foi a criação do "Estado-aparelho não-capitalista como patrão absoluto da sociedade", que é hoje combatido pelo movimento da "autogestão" socialista (o controle socioeconômico de baixo para cima).

VI — O controle social global, isto é, como dissemos, a central de operações das normas dominantes, do e no setor centrípeto, dinamiza em aspectos, não isentos de contradições, a organização social militante. Aí é que surgem as leis de todo o tipo, inclusive as anômalas, que rompem (para a garantia da organização subjacente) o próprio sistema legal, quando classe e grupos dominantes se assustam com a possibilidade mais ou menos próxima de verem escapar o controle social da mão das "elites do poder".

O ponto VI, na sua teia de normas em ação, é o único focalizado pelo positivismo, como se ali estivesse todo o Direito, quando, nada obstante as eventuais contradições, a espoliação e a opressão neste ponto descobrem a sede privilegiada de atuação. É importante examinar, sem rejeição indiscriminada, todo o direito estatal, que pode, inclusive, servir para o "uso alternativo" de que cogitam o jurista Barcellona e seu grupo (voltar as leis do Estado contra o próprio objetivo dominador), operação de grande alcance teórico e prático. Mas obviamente é preciso enfatizar, com muita energia, que o Direito não está aí: o Direito está *no processo global* e *sua resultante*. Localizar o Direito neste ponto VI, exclusivamente, equivale a transformar a sua positividade, a sua força de disciplinar a práxis jurídica, em positivismo (a concepção legalista do Direito), que é outra coisa.

VII — É óbvio que, se persiste a cisão de grupos e classes em dominadores e dominados, a dialética vem a criar, paralelamente à organização social, um processo de desorganização, que interfere naquela, mostrando a ineficácia relativa e a ilegitimidade das normas dominantes e propondo outras, *efetivamente* vividas, em setores mais ou menos amplos da vida social. No plano político, assim se estabelece o que os cientistas políticos denominam o "poder dual" (isto é, mais de um poder social na dialética de conflito).

No plano das contrainstituições jurídicas, vê-se emergir o que o sociólogo português Boaventura de Souza Santos estudou na sua admirável tese *Direito dos Oprimidos* (com material de pesquisa de campo, *realizada* nas favelas brasileiras). Escreve o notável colega português: "uma vez que a coesão ideológica de uma sociedade de classes superpõe-se a inconciliáveis conflitos classistas, criados pelas relações de produção, as classes dominadas, ou grupos específicos dentro delas, tendem a desenvolver subculturas legais, que, em certas circunstâncias, podem estar ligadas a uma práxis institucional mais ou menos autônoma, de variável meta e nível de organização. Reconhecer essa práxis como jurídica e esse direito como direito paralelo (isto é, caracterizar a situação como pluralismo jurídico) e adotar uma perspectiva teórica julgando esse Direito não inferior ao direito estatal envolve uma opção tanto científica, quanto política. Ela implica a negação do monopólio radical de produção e circulação do Direito pelo Estado moderno".

A opção científica, a que alude o eminente sociólogo, é obviamente a dialética; a opção política é, não menos obviamente, a socialista, e socialista democrática, em oposição ao "estatismo" e "legalismo", não só capitalista, mas do "socialismo" autoritário-burocrático-repressivo.

VIII — Parece claro, então, que a coexistência conflitual de séries de normas jurídicas, dentro da estrutura social (pluralismo dialético), leva à atividade anômica (de contestação), à medida que grupos e classes dominados procuram o reconhecimento de suas formações contrainstitucionais, em desafio às normas dominantes (anomia).

Esse projeto, entretanto, pode ser de dois tipos: ou se revela apenas reformista, enquanto visa a *absorção* de seus princípios e normas pela central do ramo centrípeto (ponto VI), sem atingir as bases da estrutura e os demais aspectos da normação dominadora; ou se mostra revolucionário, isto é, delineia o contraste fundamental, com uma série de princípios e normas que são proposta e prática reestruturadoras, atingindo a infraestrutura e tudo o que sobre ela assenta. Reforma ou revolução representam o enlace jurídico-político; isto é, só politicamente se instrumentalizam e têm chance de triunfar; mas só juridicamente podem fundamentar-se (a dinamização é política; a substância é jurídica). E a fundamentação jurídica é indispensável para validar, inclusive, o apelo revolucionário e introduz ao mais amplo círculo do Direito, que, por isso mesmo, no esquema dialético, pusemos numa chave envolvente, com a designação de IX.

IX — Radica nesse ponto o *critério* de avaliação dos produtos jurídicos contrastantes, na competição de ordenamentos (as diferentes séries de normas entrosadas).

É a síntese jurídica. Seus critérios, porém, não são cristalizações ideológicas de qualquer "essência" metafísica, mas o vetor histórico-social, resultante do estado do processo, indicando o que se pode ver, a cada instante, como direção do progresso da humanidade na sua caminhada histórica. Essa resultante final (final, não no sentido de eterna, mas na síntese abrangedora do aspecto jurídico naquele processo histórico-social, em sua totalidade e transformações) se reinsere, imediatamente, no processo mesmo, uma vez que a história não para.

A síntese não está por cima ou por baixo, num esquema prévio ou posterior, mas DENTRO DO PROCESSO, AQUI E AGORA. A meta foi anteontem, a conquista liberal (quando a burguesia ascendente indicava o rumo do progresso e todos sonhavam com a Revolução Francesa) foi ontem, a vitória do socialismo no plano econômico (quando principiou a série dos avanços proletários e todos sonhavam com a Revolução Russa); mas é hoje o socialismo democrático, quando as revoluções socialistas estão esclerosadas (doença de enrijecimento), em países que lhe deram somente uma feição autoritário-burocrático-repressiva; esta última desnatura o socialismo e oprime, externa e internamente, nos seus blocos dominados, as próprias massas que se propunha libertar.

O ponto IX é, então, a chave de abóbada para a análise do Direito e a sede de onde emergem os Direitos Humanos. Note-se que não nos referimos às *Declarações* dos Direitos Humanos, que *desejam exprimir* o ponto IX, porém a este mesmo ponto, que nelas *aproximadamente* se reflete, a cada etapa. Já tivemos a declaração das revoluções americana e francesa, cuja focalização representa a burguesia ascendente. Na declaração mais recente, repercute a luta social avançada, em que a igualdade formal dos homens, perante o direito estatal, se corrige com a remodelação jurídica, inspirada pelo socialismo, de igualdade substancial, sem a espoliação do trabalhador pelo capitalista, ou a opressão dos grupos minoritários pelo poder instituído.

Para termos uma ideia da *diferença* entre as Declarações dos Direitos Humanos e esses mesmos Direitos, basta pensar que a declaração "oficial" mais recente *já é inatual*, na medida em que *ainda não incorpora* outros aspectos da libertação, surgidos em lutas sociais posteriores. Por exemplo, a marca do social, na Declaração dos Direitos Humanos, ainda é muito vaga e incompleta e não dá expressão plena às metas socialistas do Direito contemporâneo autêntico. Aliás, esse envelhecimento das "declarações" foi percebido até pelo filósofo francês bem reacionário que era Jacques Maritain, quando acentuou, à ocasião em que foi redigida a última

Declaração "oficial", que ela deveria ser revista, pelo menos, de 15 em 15 anos.

Eis, em síntese, o que, tomado, como dissemos, o Direito nominalmente, dele nos surge, na dialética social e no processo histórico. A "essência" do jurídico há de abranger todo esse conjunto de dados, em movimento, sem *amputar nenhum dos aspectos* (como fazem as ideologias jurídicas), nem situar a dialética nas nuvens idealistas — ou na oposição insolúvel (não-dialética), tomando Direito e Antidireito como blocos estanques e omitindo a "negação da negação". É com esta que as contradições de Direito e Antidireito fazem explodir (com mediação da práxis jurídica progressista) a ostra normativa para que se extraia a pérola da superação. A falta de um senso desse processo é que leva, em desespero de causa, certos autores marxistas a aderirem ao direito natural diante dos legalismos prepotentes à *la* Vichinski, o teórico soviético do "legalismo" socialista.

É fácil ler Marx e Engels como positivistas ou jusnaturalistas. A leitura soviética é legalista — não à toa. Heller, que já citamos, insinua, por outro lado, um jusnaturalismo de base, na medida em que o Direito de revolução é, por assim dizer, o carrochefe de todo o materialismo histórico. O fato é que, entre marxistas e marxólogos, cada um cita os clássicos no trecho que lhe interessa, assim como os teólogos citam a *Bíblia*, para cá e para lá: eles sempre descobrem umas frases conservadoras ou progressistas, puritanas ou permissivas, até mesmo machistas ou *gay*.

Catar frases é um passatempo de quem só faz negócio com assinatura de avalista e vive procurando uma firma célebre e desprevenida para as suas promissórias. Um pensamento, uma filosofia é um organismo em movimento, uma resposta intelectual aos estímulos duma práxis, e cada noção, cada conceito, cada proposição têm de ser não pinçados, mas inseridos no movimento da obra. Por isso mesmo é que, em vez de ler Marx ou Engels, vertendo-os em garrafinhas que não mostram a grandeza e marés do oceano, é preciso repensar Marx e Engels *com* a leitura dos textos, que são marcos de um itinerário inacabado, e não repositório da ciência feita, para criar o dogma e abonar qualquer "linha justa", amanhã revista, com outras citações, na hora de bater nos peitos e fazer autocrítica. Marx e Engels foram os constantes "revisionistas" de si mesmos. Prestamos homenagem maior, e até mais fiel, ao gênio marxiano retomando o itinerário, não porque sejamos mais inteligentes do que Marx, e sim porque estamos um século adiante.

Mas onde fica, então, diante daquele panorama, a "essência" do Direito, no sentido em que a vimos buscando —, isto é, na postura dialética, explicada no capítulo I? Que noção, que conceito, ao mesmo tempo abrangedor e preciso, consegue resumir todo o processo, contemplado na síntese móvel do ponto IX e desdobrado nas contradições dos pontos I–II, III–IV, V–VII e VI–VIII?

Marx afirmou que "a liberdade é a essência do homem" e não há incompatibilidade entre essa frase e outra, que ele escreveu mais tarde, mostrando que "a essência do homem é o conjunto das relações sociais", isto é, as relações entre as pessoas, dentro dos grupos e classes e na forma que estes modelam. Porque esse "ser real" — esse homem na sociedade — não é apenas um boneco sem vida que as forças sociais movimentam. Ele se conscientiza, reage e se liberta dos condicionamentos. As relações sociais — inclusive as relações de produção — constituem relações entre homens, e não entre peças de uma só máquina. Aliás, se não fosse assim, se tudo fosse aparelho, precisaríamos de um "Deus dos aparelhos" para movimentar a História e fazer com que a "máquina" funcionasse.

O que é "essencial" no homem é a sua capacidade de libertação, que se realiza quando ele, conscientizado, descobre quais são as forças da natureza e da sociedade que o "determinariam", se ele se deixasse levar por elas. Lembramos, com Marx, que consciência é conscientização; e também que liberdade é libertação; isto é, consciência não é uma coisa que nós temos, porém que vamos construindo, vamos livrando do que os nossos dominadores botam lá (ideologia); e liberdade também não é uma coisa que nós possuímos; ao contrário: ela vive amarrada, e temos de cortar os nós.

O processo social, a História, é um processo de libertação constante (se não fosse, estaríamos, até hoje, parados, numa só estrutura, sem progredir); mas, é claro, há avanços e recuos, quebras do caminho, que não importam, pois o rio acaba voltando ao leito, seguindo em frente e rompendo as represas. Dentro do processo histórico, o aspecto jurídico representa a articulação dos princípios básicos da Justiça Social *atualizada*, segundo padrões de reorganização da liberdade que se desenvolvem nas lutas sociais do homem.

Quando falamos em Justiça, entretanto, *não* nos estamos referindo àquela imagem ideológica da Justiça ideal, metafísica, abstrata, vaga, que a classe e grupos dominantes invocam para tentar justificar as normas, os costumes, as leis, os códigos da sua dominação.

Não é o idealismo jusnaturalista que, ou se rende ao direito positivo (às normas de dominação), porque a este concede o poder de definir, em especial, o que a "Justiça" é, nas situações particulares e concretas; nem aquele outro jusnaturalismo progressista, de combate, que continua, entretanto, pondo de um lado o "direito ideal" e de outro o "direito real". A contradição entre a injustiça real das normas que apenas se dizem justas e a injustiça que nelas se encontra pertence ao processo, à dialética da realização do Direito, que é uma luta constante entre progressistas e reacionários, entre grupos e classes espoliados e oprimidos e grupos e classes espoliadores e opressores. Esta luta *faz parte* do Direito, porque o Direito não é uma "coisa" fixa, parada, definitiva e eterna, mas um processo de libertação permanente.

Como já dissemos, o Direito não "é"; ele "vem a ser". Por isso mesmo é que o revolucionário de ontem é o conservador de hoje e o reacionário de amanhã. Reparem, por exemplo, no caso da burguesia: como classe ascendente, quando estava na vanguarda, enriqueceu o patrimônio *jurídico* da humanidade. Quando chegou ao poder deu a "coisa" por finda, isto é, quis deter o processo para gozar os benefícios e se *recusou* a extrair as consequências de sua revolta contra a aristocracia e o feudalismo. Ficou, portanto, uma contradição entre a libertação parcial, que favoreceu os burgueses, e o *prosseguimento* da libertação, que daria vez aos trabalhadores. A burguesia saiu com o povo à rua, contra os aristocratas; mas, depois de tomar o lugar destes, achou gostoso e mandou prender o povo, a fim de curtir uma boa, que é o poder. Como o povo se recusava a parar e, cada vez que era enxotado, teimava em reaparecer, a burguesia baixou o pau. A luta continuou. Àquela altura, um burguês já triunfante disse que "é fácil colocar o povo na rua; difícil é fazê-lo voltar para casa": este queria *parar* a História, mas a História é teimosa. A locomotiva amarrada acaba rompendo as amarras e passando por cima de quem quiser se encostar à frente e pará-la com a bunda. E destino dos ditadores aí está, que não nos deixa mentir.

É a luta social *constante,* com suas expressões de vanguarda e suas resistências e sacanagens reacionárias, com suas forças contraditórias de progresso e conservantismo, com suas classes e grupos ascendentes e libertários e suas classes e grupos decadentes e opressores — é *todo* o processo que define o Direito, em cada etapa, na procura das direções de superação.

É preciso notar, inclusive, que as contradições *não se dão apenas* entre blocos de normas, porém *dentro* desses blocos. Assim, por exemplo, o direito estatal, as leis que exprimem, em linhas gerais, o domínio de classe e grupos privilegiados têm elementos que *podem ser utilizados* pelas classes e grupos libertadores, porque, na hipocrisia de fazer o contrário do que dizem (isto é, dizer que vão construir a "Justiça" nas normas, enquanto fazem das normas uma proteção injusta de seus privilégios), a classe e grupos dominadores muitas vezes se contradizem, deixam "buracos" nas suas leis e costumes, por onde os mais hábeis juristas de vanguarda podem enfiar a alavanca do progresso, explorando a contradição.

De toda a sorte, a força, a evidência de que o Direito compendia, a cada momento, a soma das conquistas libertarias (ponto IX do nosso esquema) fica provada por dois fatos. Em primeiro lugar, nenhum legislador, mesmo o pior dos ditadores, diz, em tese, que vai fazer a norma injusta. Isso contraria a essência do Direito, como já notava Engels. "A expressão brutal, intransigente da supremacia de uma classe", lembrou ele, vai "por si só contra o conceito de Direito". Mas é claro que o "conceito de Direito" não é aquela "ideia" metafísica, abstrata e, sim, o Direito, como um aspecto do processo social mesmo.

Em segundo lugar, os direitos já conquistados *geralmente não são desafiados pelo dominador:* a dominação é, já o dissemos, hipócrita. Então, o dominador vai *absorvendo* o *discurso de liberdade, para negá-lo, de fato, nas normas espoliativas e repressoras.* Hoje, por exemplo, *já não se fala* em manter o colonialismo (que continua existindo) ou em resolver a questão social com a polícia (que, aliás, entra a toda hora na luta, chamada pelo burguês que tem medo do povo). Ao menos, não se confessam abertamente essas violências, o que significa que *nem* o *opressor pode negar* o *Direito: apenas entortá-lo,* dizendo uma coisa e fazendo outra.

Inclusive quando uma estrutura socialista degenera em opressão, ela *continua* falando em socialismo e invoca o Direito da classe proletária para fazer calar, prender e agredir o trabalhador. A dominação soviética, por exemplo, está sempre falando em "defesa do socialismo", tal como a burguesia está sempre falando em "defesa da democracia" isso mesmo quando a "defesa do socialismo" é acabar com a pretensão à liberdade do país vizinho. Da mesma forma e no outro lado, fala-se no princípio de autodeterminação dos povos, mas logo em nome da "defesa da democracia" os Estados Unidos vão criando polícia continental, na América Latina, para manter a semicolonização econômica determinada pelo imperialismo regional, que não é menos hipócrita.

A grande inversão que se produz no pensamento jurídico tradicional é tomar as normas como Direito e, depois, definir o Direito pelas normas, limitando estas às normas do Estado e da classe e grupos que o dominam. Ora, a doutrina que "fecha" todo o fenômeno jurídico, enquanto simples norma da classe e grupos dominantes (ou mesmo de grupos dissidentes retrógrados do tipo de Tradição, Família e Propriedade, que é mais "realista do que o rei"), subtrai toda dialética.

Por outro lado, cada perfil atualizado do Direito autêntico é *um instante do processo de sua eterna reconstituição, do seu avanço, que vai desvendando áreas novas de libertação.* A contribuição dos primeiros socialistas foi contestar as normas do direito burguês, opor-lhes princípios jurídicos mais avançados, lutando para que se remodelassem as normas. Alguns daqueles princípios acharam o seu escaninho nas repúblicas socialistas (de vários matizes). Porém, depois do avanço de 1917, o poder soviético e, mais tarde, dos seus satélites, foi engordando tanto que se deitou na cama (estatal) e dormiu sobre o colchão de instituições domesticadas, acordando assustado toda vez que algum socialista herege e contestador berrava que ali (ou na casa do vizinho) havia algo de errado.

O legalismo é sempre a ressaca social de um impulso criativo jurídico. Os princípios se acomodam em normas e envelhecem; as normas esquecem que são meios de expressão do Direito móvel, em constante progresso, e não Direito em si. Com o vício de rodar a manivela, o Estado troca, na sua Casa da Moeda, os papéis com lastro de ouro pelos papéis desvalorizados, na inflação das leis, e acaba usando a "guitarra", a máquina de fazer dinheiro falso, para enganar os tolos.

Direito e Justiça caminham enlaçados; lei e Direito é que se divorciam com frequência. Onde está a Justiça no mundo? — pergunta-se. Que Justiça é essa, proclamada por um bando de filósofos idealistas, que depois a entregam a um grupo de "juristas", deixando que estes devorem o povo? A Justiça não é, evidentemente, essa coisa degradada. Isso é negação da Justiça, uma negação que lhe rende, apesar de tudo, a homenagem de usar seu nome, pois nenhum legislador prepotente, administrador ditatorial ou juiz formalista jamais pensou em dizer que o "direito" *deles* não está cuidando de ser justo. Porém, onde fica a Justiça verdadeira? Evidentemente, não é cá nem lá, não é nas leis (embora, às vezes, nelas se misture, em maior ou menor grau), nem é nos princípios ideais, abstratos (embora, às vezes, também algo dela ali se transmita, de forma imprecisa): a Justiça real está no processo histórico de que é resultante, no sentido de que é nele que se realiza progressivamente.

Justiça é Justiça Social, antes de tudo: é atualização dos princípios condutores, emergindo nas lutas sociais, para levar à criação de uma sociedade em que cessem a exploração e opressão do homem pelo homem; e o Direito não é mais, nem menos, do que a expressão daqueles princípios supremos, enquanto modelo avançado de legítima organização social da liberdade. Mas até a injustiça como também o Antidireito (isto é, a constituição de normas ilegítimas e sua imposição em sociedades mal organizadas) fazem parte do processo, pois nem a sociedade justa, nem a Justiça corretamente vista, nem o Direito mesmo, o legítimo, nascem de um berço metafísico ou são presente generoso dos deuses: eles brotam nas oposições, no conflito, no caminho penoso do progresso, com avanços e recuos, momentos solares e terríveis eclipses.

Direito é processo, dentro do processo histórico: não é uma coisa feita, perfeita e acabada; é aquele vir-a-ser que se enriquece nos movimentos de libertação das classes e grupos ascendentes e que definha nas explorações e opressões que o contradizem, mas de cujas próprias contradições brotarão as novas conquistas. Quando a burguesia, em avanço e subida, desafiou as discriminações aristocrático-feudais, ela colocou o problema da igualdade; e quando essa mesma burguesia se encarapitou no poder e negou a igualdade real em suas leis, desencadeando a crítica marxista, que mostrava a fonte das desigualdades, foi a contradição apontada que indicou o caminho para o socialismo; quando o socialismo degenera em opressão burocrático-autoritária, falando em nome de uma classe proletária, a que mecanismos estatais negam a real participação no poder, é também essa contradição que gera o movimento para democratizar o "socialismo" implantado, que se deixou engordar em dominação-repressão.

À injustiça, que um sistema institua e procure garantir, opõe-se o desmentido da Justiça Social conscientizada; às normas, em que aquele sistema verta os interesses de classes e grupos dominadores, opõem-se outras normas e instituições jurídicas oriundas de classes e grupos dominados, e também vigem, e se propagam, e tentam substituir os padrões dominantes de convivência, impostos pelo controle social ilegítimo; isto é, tentam generalizar-se, rompendo os diques da opressão estrutural. As duas elaborações entrecruzam-se, atritam-se, acomodam-se momentaneamente e, afinal, chegam a novos momentos de ruptura, integrando e movimentando a dialética do Direito. Uma ordenação se nega para que outra a substitua no itinerário libertador.

O ponto de referência IX, que pusemos no esquema C, da visão social dialética, é aquele em que a Justiça se identifica, enquanto substância atualizada do Direito, isto é, na quota de libertação alcançada, em perspectiva progressista, no âmbito histórico presente. Nunca se pode aferir a Justiça em abstrato e, sim, concretamente, pois as quotas de libertação acham-se no processo histórico; são o que nele se revela à vanguarda (às classes e grupos ascendentes). O aspecto Jurídico do processo é o que delineia a forma positivada, alcance próprio dos princípios da práxis social justa e do controle social legítimo, com a indicação das normas em que ele venha a se organizar, no modelo atualizado e vanguardeiro de organização social da liberdade. E isso se resume, repetimos, com o filósofo marxista Ernst Sloch, em determinar "a instauração da faculdade de agir" (das classes e grupos), sem alienação, "nas normas de agir de uma comunidade enfim não alienada". Por isso mesmo, no socialismo, o aspecto jurídico, em vez de sumir, ganha mais relevo, como dizia ainda Bloch, enquanto "os Direitos Humanos não serão menos militantes como direito à crítica, inexoravelmente objetiva e prática, pelo avanço da construção socialista, dentro de um quadro de solidariedade".

A simples troca do modo de produção, o fim de certo tipo de exploração e opressão não é o fim da História; é uma etapa. No processo histórico de libertação, perante as dominações ilegítimas, o Direito modela o padrão organizador, que resulta do processo mesmo. Mas ele não é apenas a seara da liberdade: é igualmente a antítese da anarquia (que deseja trocar a repressão ilegítima pelo caos) e da ação bruta, não contida por princípios de legitimidade (e na qual o objetivo libertador poderá descaracterizar-se, dentro de um caminho que não respeite os direitos fundamentais: hoje, por exemplo, a tortura já é definida como crime de Direito Internacional e continuará sendo crime, quer seja instrumento do conservantismo violento, quer seja aplicada a *pretexto* de facilitar o trabalho de libertação).

O Direito, em resumo, se apresenta como positivação da liberdade conscientizada e conquistada nas lutas sociais e formula os princípios supremos da Justiça Social que nelas se desvenda. Por isso, é importante não confundi-lo com as normas em que venha a ser vazado, com nenhuma das séries contraditórias de normas que aparecem na dialética social. Essas últimas pretendem concretizar o Direito, realizar a Justiça, mas nelas pode estar a oposição entre a Justiça mesma, a Justiça Social atualizada na História, e a "justiça" de classes e grupos dominadores, cuja ilegitimidade, então, desvirtua o "direito" que invocam.

Também é um erro ver o Direito como pura restrição à liberdade, pois, ao contrário, ele constitui a afirmação da liberdade conscientizada e viável, na coexistência social; e as restrições que impõe à liberdade de cada um legitimam-se apenas na medida em que garantem a liberdade de todos. A absoluta liberdade de todos, obviamente, redundaria em liberdade para ninguém, pois tantas liberdades particulares atropelariam a liberdade geral.

Essa é a razão pela qual o Direito não se confunde com a Moral. A Moral é também processo, também está inserida na dialética social; também se transmite a séries múltiplas de normas, conforme as classes e grupos em que se divide a estrutura social; também gera obrigações exigíveis e estabelece órgãos e procedimentos para a sua aplicação coercitiva: ela é, portanto, bilateral, como o Direito; o que *não* é, entretanto, é recíproca. Recíproco é só o Direito. Na Moral se armam deveres que cada um há de cumprir em relação aos demais e até a si mesmo. Todavia, os princípios sociais e históricos da vida honesta não dependem da reciprocidade. Queremos dizer, com isso, que os deveres morais de cada um não dependem dos deveres morais dos outros para se tornarem obrigatórios, nem no sentido de que estes últimos cumpram ou deixem de cumprir os seus próprios deveres, nem no sentido de que os preceitos morais se destinem a garantir o equilíbrio recíproco do exercício da liberdade.

A Moral visa ao aperfeiçoamento de cada um, dentro da honestidade. O Direito visa ao desdobramento da liberdade dentro dos limites da coexistência. Mesmo quando, no Direito Criminal, por exemplo, se rejeita a compensação de culpas, isso não desmente, antes confirma, a reciprocidade, pois o que é juridicamente cobrado a ambos os sujeitos juridicamente culpados é o recíproco dever de não lesarem um ao outro, nem, juntos, assim ofenderem a comunidade. Se falta a lesão, o dano ou o perigo para as liberdades em coexistência, crime não há.

Desse modo é que, atualmente, se demonstra que são *ilegítimas* as definições legais de "crime sem vítima", como, por exemplo, a autodestruição física ou psíquica, pelo suicídio, pelo consumo de drogas, pela degradação moral da prostituição. Esses procedimentos não deixam de ser todos eles reprováveis moralmente; porém o Direito veio a reconhecer que nada tem a ver com os deveres de reciprocidade e, assim, vão desaparecendo aquelas incriminações injustificáveis.

A Moral, entretanto, permanece como estabelecimento de restrições à nossa liberdade, em si mesmas tidas como necessárias, para tornar-nos pessoas socialmente melhores, enquanto o Direito só nos restringe a liberdade para garantir o que, nela, afete aos demais. Mesmo quando a Moral se volta para a disciplina dos nossos prazeres (a chamada Moral hedonista), admitindo a "curtição" de cada um, segundo o seu gosto, continua a levar uma restrição intrínseca, de autoaperfeiçoamento, na medida em que o próprio hedonismo ensina a não abusarmos desordenadamente dos prazeres, ensina a controlar os apetites e a maneira de gozar, em todos os sentidos da palavra.

Direito é o reino da libertação, cujos limites são determinados pela própria liberdade. Moral é o reino da contenção, em que a liberdade é domada. Nenhum dos dois, é claro, tolera os dogmas, os princípios eternos, ou se extrai de fontes ideais, abstratas ou sobre-humanas. Ambos são, ao revés, conquistas sociais, históricas e fortemente condicionadas pela estrutura social, onde emergem, na oposição, no contraste de modelos diversos, conforme a divisão de classes e grupos dominadores e dominados, cujas normas estão sujeitas aos critérios de legitimidade, histórica também, isto é, definida pelo padrão mais avançado, no tempo presente.

Marx dizia, com humor, que "ninguém luta contra a liberdade; no máximo, luta contra a liberdade dos outros...". E aí está o que faz toda sociedade espoliativa e opressora, em que classes e grupos dominadores cuidam de si, à custa dos demais. Porém, o princípio jurídico fundamental (isto é, a matriz de todos os outros, que se vão desvendando no processo libertador e inspiram a avaliação de qualquer norma) já foi conscientizado e expresso, no tempo histórico, para guiar-nos, como bússola da luta pelo Direito e desmentido a qualquer ordem que, de jurídica, tenha somente o nome, falsamente invocado. Foi Marx igualmente quem o registrou, assinando juntamente com Engels um documento célebre, no qual se lê: "o livre desenvolvimento de cada um é condição para o livre desenvolvimento de todos". Isso é que é Direito, na "essência", modelo e finalidade. Tudo o mais ou é consequência, a determinar no itinerário evolutivo, ou é deturpação, a combater como obstáculo ao progresso jurídico da humanidade.

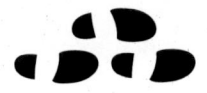

Indicações para leitura

Especialmente recomendáveis para o iniciante, pelas informações atualizadas, clareza da exposição e enfoque progressista são: A *Ciência do Direito: Conceito, Objeto, Método*, de Agostinho Ramalho Marques Neto (Rio de Janeiro, Editora Forense, 1982) e *Para uma Crítica da Eficácia do Direito*, de José Geraldo de Sousa Júnior (Brasília, edição particular, 1981: pedidos para a Caixa Postal 13.1957, CEP 70259, Brasília, DF).

Uma das figuras mais importantes da teoria e pesquisa jurídicas modernas é o sociólogo português Boaventura de Souza Santos, cuja notável tese de doutoramento — *The Law of the Oppressed* ("O Direito dos Oprimidos", *Law & Society Review*, vol. 12, nº 1, 1957, p. 5-126) — infelizmente ainda não tem edição disponível em nosso idioma (foi escrita, originariamente, em inglês e defendida na Universidade de Vale). Mas quem quiser conhecer algo desse eminente autor pode consultar, em português, O *Discurso e o Poder*

(Coimbra, Separata do Boletim da Faculdade de Direito de Coimbra, 1979).

O monumental estudo de Ernst Slach, *Naturrecht und Menschliche Wurde* (Frankfurt am Main, Suhrkhamp, 1961; com tradução francesa, *Droit Naturel et Dignité Humaine*, Paris, Payot, 1976) também não foi vertido para o português. Entretanto, lê-se algo dele, em matéria jurídica, no breve ensaio incluído na coletânea organizada por Erich Fromm, *Humanismo Socialista* (Lisboa, Edições 70, 1976, p. 226-234).

O único trabalho de Michel Miaille até hoje aparecido no Brasil não é representativo da evolução desse excelente autor, cujo melhor trabalho se acha na obra coletiva de M. Bourjol & outros, *Pour une Critique du Droit* (Paris, Maspéro, 1978, p. 114-146).

Sob o ponto de vista histórico, é estimulante a leitura do livro de Michael Tigar & Madeleine Levy, *O Direito e a Ascensão do Capitalismo* (Rio de Janeiro, Zahar, 1978); e, quanto às ligações com a Ciência Política, têm especial destaque duas obras de Ralph Miliband, *O Estado na Sociedade Capitalista* (Rio de Janeiro, Zahar, 1972) e *Marxismo e Política* (Rio de Janeiro, Zahar, 1979). Sob vários ângulos correlatos, é importante meditar sobre as colocações de Marilena Chauí, na sua magnífica série de ensaios reunidos em *Cultura e Democracia* (São Paulo, Editora Moderna, 1981).

Não devem ser desprezadas as páginas clássicas dos grandes precursores nacionais, como João Mangabeira, a exemplo do vigoroso parecer que marca a sua primeira definição socialista, no terreno jurídico, (*A Verdadeira Igualdade e a Socialização do Direito*), de 1930, e a belíssima *Oração aos Bacharelados da Faculdade de Direito da Bahia*, de 1944 (ambos os textos constantes da obra organizada por Francisco de Assis Barbosa, *As ideias Políticas de João Mangabeira*, Brasília/Rio de Janeiro, Senado Federal, Casa Rui Barbosa, MEC, 1980, 3 vols.: vol. 1, p. 491-504; vol. 3, p. 15-18).

Outros volumes, já publicados ou a publicar, nesta mesma coleção Primeiros Passos, cuidam de temas jurídicos, tal como o nº 49, *Direitos da Pessoa*, do muito ilustre e corajoso prof. Dalmo Dallari.

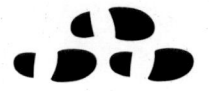

SOBRE O AUTOR

Roberto Lyra Filho (1926-1986) foi um dos maiores professores de Direito da sua geração. Formado em Língua e Literatura Inglesas no ano de 1942, estudou também francês, alemão, italiano e russo. Em 1949, bacharelou-se em Direito. Obteve seu doutorado em 1966, especializando-se em Criminologia e Direito Criminal. Foi Membro da OAB, da Sociedade Brasileira de Filosofia, da Associação dos Sociólogos, presidente do Conselho Superior do Instituto de Criminologia, conselheiro de redação dos *Cuadernos de Filosofia del Derecho* (Espanha) e do *Direito & Avesso*, boletim da Nova Escola Jurídica Brasileira. Fez escola na sua especialidade, criando a Criminologia Dialética, reconhecida internacionalmente.

Como escritor, sob o pseudônimo de Noel Delamare, produziu críticas literárias, ensaios e poemas. Tradutor, foi membro da Associação Brasileira dos Tradutores.

Foi professor titular de Filosofia e Sociologia Jurídica da Universidade de Brasília (UnB).